Norbert Neugirg

Was ich so denk'

Buch & Kunstverlag Oberpfalz

Bibliographische Information Der Deutschen Bibliothek
Die Deutsche Bibliothek verzeichnet diese Publikation in der Deutschen Nationalbibliografie; detaillierte bibliografische Daten sind im Internet über http://dnb.ddb.de abrufbar.

Dezember 2006, zweite Auflage, 4. bis 6. Tausend
November 2007, dritte Auflage, 7. bis 9. Tausend
Mühlgasse 2, 92224 Amberg
Texte: Norbert Neugirg
Karikaturen: Norma Susanne Desing
Fotos: Christian Höllerer und Ingrid Popp
Satz: BeSt-Systeme, 92237 Sulzbach-Rosenberg
Druck: Druckhaus Oberpfalz, 92224 Amberg
Bindearbeiten: Kunst- und Verlagsbuchbinderei Leipzig

ISBN: 978-3-935719-38-4

Wer an einem Buche schreibt
und gleich am Anfang stecken bleibt,
der fängt mit einem Vorwort an –
auch so ist etwas Platz vertan.

Vorwort

Müht man sich, ein Buch zu schreiben
oder lässt man's besser bleiben?
Gibt's nicht schon genügend Mist,
ob da noch was vonnöten ist?
Und schließlich: Käm' ein Buch heraus,
wer gibt sein Geld für so was aus?

Sind's bloß Käufer, die's nicht lesen? –
mindert's wenigstens die Spesen.

Sind's bloß Menschen, die's verschenken? –
läßt sich's ihnen nicht verdenken.

Oder kauft ein ganzer Haufen
Leut', die's nicht aus Mitleid kaufen,
dieses Buch und liest darin? –
das wär' in des Schreibers Sinn.

Solche und dergleichen Fragen
sind es, die den Schreiber plagen,
bevor er glaubt, sein Zeug sei's wert,
dass es sich gedruckt gehört.

Findet sich dazu ein schmucker
glaubensstarker Bücherdrucker,
dem des Schreibers Zeug gefällt,
weil er's für verkäuflich hält,
muss trotz dem vielem Zeug auf Erden
ein neues Buch befürchtet werden.

Steht dann dieses bei den Schwarten,
die überall auf Käufer warten,
ist der Autor hoffnungsfroh,
denn er glaubt, es hätt' Niveau.

Und so glaubt er bis zuletzt:
Weil der Glaube Berg' versetzt,
sollt's im Glauben auch gelingen,
Bücherberge los zu bringen!
Doch ist der Glaube noch so groß –
Bücher wird man so nicht los.

Die Bücherbergversetzungskunst
bedingt allein die Lesergunst,
ohne die ein Werk verstaubt,
gleich, was da der Autor glaubt.

Der Leser ist es, der bestimmt,
welchen Ausgang alles nimmt:
Ausverkauft und abbezahlt
oder Trinker-Heilanstalt.

In diesen Allgemeinzuständen
können Bücherschreiber enden.

Der Leser sollte nun von Herzen
den geringen Preis verschmerzen
und danach sich mit Vergnügen
durch des Buches Inhalt pflügen.

Hinterher soll er recht schwärmen
und besonders die erwärmen,
die sich, wenn möglich nicht gestohlen,
dann das Buch nach Hause holen.

Lässt das Teil sich gut verbreiten,
ist's zum Vorteil aller Seiten:

Die Leser haben, je nach Leim,
gewisse Zeit ein Buch daheim.

Die Druckerei bleibt, wenn sich's lohnt,
vorm sicheren Konkurs verschont,

und bleibt er nicht auf Büchern hocken,
bleibt der Autor eher trocken,
das heißt im Klartext, wenn's gut läuft,
dass, der's schrieb, aus Frust nicht säuft.

Der Kauf des Buches hilft so auch
gegen Alkoholmissbrauch.

Der Gründe sind das wohl genug –
vielen Dank, der Kauf war klug.

Der Schreiber

In sich versunken wie ein Greis
sitzt der Schreiber auf dem Steiß
und sucht krampfhaft sein Genie
im Körperende vis á vis.

Im Kopf glaubt er Talent zu haben
und da etwas auszugraben,
ist – ganz zu schweigen von den Stunden –
mit Marter im Gehirn verbunden.

So verbringt zeit seines Lebens,
wer schreibt, viel Zeit vergebens,
weil er im Geist bei all dem Stuss
das Brauchbare erwarten muss.

Zwar führt das Warten auf dem Steiße
nicht zum Bad im Schweiße,
doch werden Leute, die das kennen,
Schreiben dennoch Arbeit nennen.

So angestrengt, wer schreibt, auch denkt,
den Steiß sich und das Hirn verrenkt,
letztendlich ist es doch geschenkt
von einem, der da alles lenkt.

Der Dichter

Wer springt nachts aus der Lagerstatt,
nicht nur wenn er Durchfall hat?
Es ist der Dichter, den im Schlaf
statt dem Durch- der Einfall traf.

Die Lesebrille

Schafft jemand, der nicht lesen kann,
sich zum Lesen eine Brille an,
wird die, trotz intensivem Putzen,
ihm beim Lesen gar nichts nutzen.

Das Lesezimmer

Ähnlich – finanziell weit schlimmer –
liegt der Fall beim Lesezimmer,
denn das befähigt, trotz der Spesen,
den Besitzer nur zum Lesen,
wenn er bereits des Lesens mächtig
und sei die Bude noch so prächtig.

Der gute Vorsatz

Der gute Vorsatz soll nebst Lastern
den Abstieg in die Hölle pflastern
und wiegen deine Laster schwer,
dann brauchst du keinen Vorsatz mehr.

Vorsätzlich vorsatzlos

Als ich noch furchtbar jung und klein war, „vielleicht noch jünger als Sie", um frei nach Karl Valentin zu sprechen, begann das neue Jahr bei uns daheim immer irgendwann und irgendwie. Später fing es im Winter, den man an seiner Weißheit noch gut erkennen konnte, an, dann im Januar und seit ich mich erinnern kann am Ersten. Mein erstes neues Jahr erlebte ich, nach Angaben meiner Mutter, als knapp drei Monate alter Säugling, und es war mir wurscht. Ich interessierte mich nur fürs Essen und hatte keine Vorsätze, außer vorsätzlich in die Hose zu machen, wenn mir danach oder kalt war. Aufgrund meiner Wurschtigkeit ging oder vielmehr wälzte ich mich also bis auf den besagten ohne jeden Vorsatz ins neue Jahr hinein. Ausgenommen die Zeiten mit Blähungen, lebte ich vorsatzlos recht angenehm dahin. Es geschah von allein, was geschehen musste, außer ich wusste, dass ich musste. Alles andere passierte ohne mein vorsätzliches Zutun. Kurzum: Es war eine wunderschöne Zeit. So schön, dass ich mich nicht einmal mehr daran erinnern kann. Unterbrochen von Momenten mit ungünstiger Gasbildung im Verdauungstrakt, befand ich mich damals vermutlich in einer Art postnatalem Nirwana oder wörtlich schlecht eingedeutscht in einem Zustand der Nachgeburt, in dem einem nichts wichtiger ist als nichts. Leider verlor ich das Nichts mit zunehmender Funktionstüchtigkeit meines Gehirns oder besser: Ich verlor das Nichts, weil ich anfing so zu denken, wie mein Umfeld dachte, dass ich denken sollte.

Das Heimtückische daran: Man merkt nichts vom Verlieren, wenn man Nichts verliert. Ich wurde also geprägt, mir Gedanken zu machen. Der Weg vom Gedanken zum Vorsatz ist kurz und so machte ich mir bald Vorsätze. Meistens gute. Obwohl sie gut waren, machte ich keine guten Erfahrungen damit. Die aufgeblähten Windeln hinter mir gelassen, bestätigten sich alsbald die Sätze „Es gibt nichts Gutes außer man tut es“ und „Der Weg zur Hölle ist mit guten Vorsätzen gepflastert.“ Ob ich manchmal schon auf dem Weg zur Hölle war, weiß ich nicht. Gute Vorsätze hatte ich aber schon viele. Mit den Jahren oder auf dem Weg zurück in den Zustand, den ich mit Einsetzen meiner Geburt so nach und nach verloren habe, nehme ich mir vorsätzlich mehr und mehr nichts mehr vor. Ob mit oder ohne Vorsatz, die Zukunft ist unberechenbar und oft ohne erkennbare Logik. Dennoch lässt mich mein nichtiges Säuglingsdasein rückwirkend betrachtet glauben, dass die größten, wichtigsten und liebsten Sachen im Leben ganz von selbst geschehen. Sie werden einem geschenkt. Bis hin zur banalen Tatsache, nicht mehr in die Hose zu machen. Das zieht einen gewissen Wärmeverlust nach sich, ist aber leider kein Grund Säugling zu bleiben. In punkto neues Jahr halte ich es allerdings mit dem Säugling, an den mich nichts mehr erinnert: Vorsätzlich vorsatzlos.

Schwein gehabt

Am liebsten mag der Vetter Fredl
Fleisch vom Schwein und dazu Knödel.
Just aus diesem Grund genau,
hält sich der Vetter eine Sau,
und die – weil sie im Garten stand –
hatte einen Sonnenbrand.

Fredl cremte nun das Schwein
edel mit Nivea ein,
ohne drauf zu achten,
dass noch nach dem Schlachten,
die Sau, als Wurst und eingeweckt,
gewaltig nach Nivea schmeckt.

Und jeder, der sich jetzt dran labt,
sagt: „Was hat das Schwein gehabt?“

Der Jahreswechsel

Der Mensch erfand die Jahreszahl,
die ändert sich pro Jahr einmal.
Bis in die letzten Nester
geschieht das an Silvester.

Da wird der Mensch, oft stockbesoffen,
von einem neuen Jahr getroffen,
das er dann ein Jahr lang schreibt,
was ein Jahr lang auch so bleibt.

Betäubt der Mensch sich noch so sehr,
der Jahre werden's jährlich mehr.
Silvesterräusche können's lindern –
letzten Endes nicht verhindern.

Neujahrereien

Dass alle Jahre ein neues Jahr kommt, ist eine Erfindung unserer Vorfahren, die nicht weiter als bis zwölf zählen konnten. Was über zwölf hinausging, machte ihnen Schwierigkeiten. Das beweist nicht nur die Tatsache, dass wir nach zwölf Monaten wieder von vorn anfangen – nein, man betrachte auch die Anzahl der Tage in den einzelnen Monaten: Mal hat ein Monat 30 Tage, mal 31, mal 28 und manchmal sogar 29. Also wer sich so was ausgedacht hat, kann's mit dem Zählen nicht gehabt haben. Mit dem Verstand derer, die sich das gefallen ließen, war es auch nicht weit her. Die damals lebenden Zeitgenossen werden zwar auf die verkorkste Rechnerei geschimpft haben, doch sie unterwarfen sich dem von oben her angezettelten Wirriwarri. Die heutige deutsche Menschheit, eingelegt wie ausgenommene Heringe in eine noch nie da gewesene Steuer- und Gesetzeslauge, macht es noch immer genauso. Neu zusammengewickeltes Gesetzeskauderwelsch zum Jahreswechsel sorgt für Nachschub an Aktenstaub in den Beamtenbronchien. Das Gehirn des Steuerberaters dampft über Weihnachten wie ein Rossapfel. Er kauert als Ochse nicht etwa in der Krippe sondern in seiner Kanzlei und käut die rattenschwanzlangen Sätze neuer Steuerverordnungen wieder. Den Jahreswechsel muss man spüren. Wer nicht gerade von einer Rakete getroffen wird, würde gar nichts davon merken, gäbe es nicht die alljährlichen Änderungen zum neuen Jahr.

Zum Jahresanfang können zum Beispiel Gesetze aus dem Vorjahr, die sich als unbrauchbar erwiesen haben, hinsichtlich Desorientierung der Bevölkerung vervollkommnet werden. Hier ein verwirrt aufgeschnappter wilder Querschnitt durch die Neuregelungen: Ein Dienstmädchen wird steuerlich nur noch dann anerkannt, wenn es zu mehr als 50 Prozent im Dienstwagen genutzt wird. Die Altersgrenze für den frühesten Beginn der Altersarmut wegen Ausbleiben der Rente wird zur Stützung von Managergehältern auf 58 Jahre abgesenkt. Heirats- und vergleichbare Untergangsgelder, Geburtsabhilfen usw. sind nicht mehr steuerfrei. Die Eigeneiablage wird gestrichen. Des Weiteren sind geändert: Steuerverbrater-Sonderdurchzugsausgaben, Ich-AG-58er-Überlebensregelungsbefristung, Privatmietwohngebäude-Abschreibungsdegressivitäten, Wohnmobilflurchlorkohlenwasserstoffhubraumsteuerstundungsmpfrrrschmp ...
Zum Glück ist dank eklatanter Fehler unserer rechenschwachen Vorfahren hie und da ein Jahr eine Sekunde länger. Wir haben also genügend Zeit, uns an die „Neujahrereien“ zu gewöhnen. Prost Neujahr!

A gouds neis Joua! Gsund bleim, alles andere kima uns kaffn ...

... ist ein unter sparsamem Gebrauch der vorderen Sprechwerkzeuge aus den Tiefen der oberpfälzischen Gurgel heraus gebrummter Neujahrswunsch, der mehr Tiefgang hat als es zunächst scheint. Das ungeübte Ohr mag dahinter eine silvesterrauschgeschwängerte Kehlkopfentzündung vermuten, für den Verständigen ist es aber ein sehr geistreicher Spruch. Wünscht er uns doch aus dem oberpfälzischen Bronchial-Bayrisch heraus übersetzt: „Ein gutes neues Jahr. Gesund bleiben – alles andere können wir uns kaufen.“ Bis auf zehn Euro hat er recht. Gemessen am Wert der Gesundheit ein winziges Beträglein (nicht mal so viel wie ein Silvesterraketen-Set „Magic-Rumms“), das wir seit dem Jahr 2004 bei allen Gesundheitsverkäufern selbst berappen müssen. Hält zwar wie so viel anderer deutscher Erbsenklein-Verwaltungs-Krempel die Leute von ihrer eigentlichen Arbeit ab, vermittelt aber zum Feierabend das Gefühl etwas getan zu haben. Zahlreiche Ausnahmen, Fußnoten und Kleingeld-Wechselgeschäfte werden die tatenlose Verweildauer des Patienten erhöhen. Daher mein Vorschlag und (um mit Karl Valentin zu sprechen) „jeder Irrsinnige wird mir zustimmen“:

1. Kassenpatienten sollten für Notfälle ständig zehn Euro in Münzen gepierct an leicht zugänglichen und abschneidbaren Körperstellen mit sich tragen.

2. Die Tabaksteuer sollte über Lungenfachkliniken in bar eingezogen und bei späteren Lungenentnahmen personenbezogen in Anrechnung gebracht werden.
3. Brillengläser für Blinde werden zu hundert Prozent übernommen. Stark sehgeschwächte Rentner können ihre Sehhilfen über die vermeintliche Rentenerhöhung finanzieren.
4. Bei Erwerb des Sportabzeichens oder regelmäßigem Lauftraining wird die Pendlerpauschale gestrichen.
5. Der Meisterzwang beim Zahnersatz fällt, das heißt auch Gebäudereiniger können sich künftig ein lukratives zweites Standbein schaffen.
6. Die Zuzahlung bei Krankenhausaufenthalten sollten Kassenpatienten vorsorglich bei allen in Frage kommenden Kliniken vorab leisten. Die Anhäufung liegender Schwerverletzter im Klinikhof wird dadurch erheblich reduziert.
7. Haarwuchs- und Potenzmittel können gegen Wegfall des Heizkostenzuschusses bei den Sozialämtern beantragt werden.

In memoriam Karl Valentin.
„Uns allen ein gesundes Jahr
und zehn Euro stets in bar
und statt Bürokraten
Arbeit, Brot und Taten!“

Fasching

Verstärkte Herdenbildung der Spezies Mensch unter freiem Himmel oder in umbauten Räumen. Gesteigerter Bewegungsdrang, der zu Umzügen, Tänzen und tanzverwandten Verrenkungen führen kann. Persönliches äußeres Erscheinungsbild wird häufig vorsätzlich verändert. Überbetonung oder Vortäuschung nicht vorhandener sexueller Reize bei beiden Geschlechtern aber mehr bei Frauen zu beobachten. Vereinzelt Flucht (aus welchen Gründen auch immer) hinter die Unkenntlichkeit einer Fratze festzustellen. Erhöhte Bereitschaft zur Einnahme von berauschenden Mitteln, die neben der anderen Außenansicht auch innere Wesensveränderungen zutage treten lässt. Dadurch oder räumlich bedingt: Abbau der Distanz vorwiegend zwischen Mann und Frau oder auch innerhalb der Geschlechter möglich.
Exzessives oder so empfundenes Musik- und Showprogramm kann zur Anbahnung zwischenmenschlicher Kontakte auf allen Ebenen beitragen. Zunahme der individuellen Transpiration, die allgemein toleriert wird. Die geschilderten Vorgänge münden fast ausnahmslos in einen durchaus angenehmen Glückszustand. Einzelpersonen beschränken sich in einem solchen Stimmungshoch auf feilgehaltene Alkoholika oder vergleichbares. Unüberlegtes Handeln ist in diesem Stadium nicht mehr auszuschließen.
Mitunter kommt es zu sehr fragwürdigen Verhaltensweisen bis hin zu Vorgängen höchst lustiger Natur. Allerdings – selbst fortwährende Stimulans vermag den

Freudentaumel nicht aufrecht zu erhalten. Je nach Kondition des Einzelnen muss früher oder später mit einem Abfall des Gemütszustandes und einer gewissen Ernüchterung gerechnet werden. Dies wird eine Demaskierung und Rückkehr in die eigene Identität nach sich ziehen. Alte Denkschemata, vulgo: Die Realität, gewinnen wieder die Oberhand, die eigene Person stellt sich wieder her und die Frage: Wo war ich? Womit wir bei den irreparablen Gedächtnislücken wären, die damit einher gehen können. Sie sind keine Seltenheit und lassen oft keine vollständige Rekonstruktion der vorangegangenen Tage oder Stunden zu, lediglich in der Mehrzahl der Fälle das Resümee: Schön war's! Allein schon der schönen wenn auch nicht immer konkreten Erinnerungen wegen ist es der Fasching wert, gelebt zu werden. Also: Frag'n S' nicht nach dem Sinn, geh'n Sie einfach hin!

Die Prunksitzung

Prolog

Das Highlight weit und breit
ist jedes Jahr zur Faschingszeit
die Prunksitzung, wo jede Stadt
die größten Narren, die sie hat,
ob geistesstark, ob geistesschwach,
versammelt unter einem Dach,
denn sonst wär' im Endeffekt
im Fasching ja der Hund verreckt.

Die Politik

Haben Narren eine Sitzung,
sorgt die Politik für Unterstützung
und sendet als ein äuß'res Zeichen
Kandidaten und dergleichen.
Das ist vor allem in der Wahlkampfzeit
aus diesem Grund Gepflogenheit,
damit der Wähler dann und wann
sich davon überzeugen kann,
dass der, der seine Gunst anstrebt,
tatsächlich noch auf Erden lebt.

Die Regierung

Rotten sich wo Narr'n zusammen,
ist alles da mit Rang und Namen,
um offen zu bekunden:
Wir sind jedem Narr'n verbunden!

So sucht auch die Regierung
bei den Narren Orientierung
und das schlägt sich immer wieder
im Tagewerk der Regierung nieder,
weil die den Eindruck oft erweckt,
als ob ein Elferrat dahinter steckt.

Die Sitzungskapelle

Man hörte es beim ersten Laut:
Der Rest des Abends ist versaut.
Jeder Titel ein Genuss
und man freut sich auf den Schluss.

Der Hofmarschall kündigt an

Bürger, gleich aus welchem Stand,
verstummt und haltet euren Rand,
räuspert nicht mehr, rotzt die Glocken,
nehmet Platz und bleibet hocken!

Wieder hat die Fasenacht
ein Prinzenpaar hervorgebracht,
das ab sofort die Stadt regiert,
damit die noch verrückter wird.

Die Prinzessin ist in Huld geneigt,
dass sie sich dem Volke zeigt,
um entsprechend ihrer Pflichten
das Wort an euch zu richten.

Merket auf und horchet alle,
und krümmet zum Applaus die Kralle!
Da kommt die Holde, habet acht!
Lustig ist die Fasenacht!

Aus dem Tagebuch einer alternden Faschingsprinzessin

Donnerstag (Weiberfastnacht): Bis auf gelegentliche Selbstzweifel („Wie konntest du dir das antun, du dusslige Kuh?") läufts als Prinzessin soweit. Der Fummel, den sie mir verpasst haben, war zwar schweinsteuer, ist aber so unpraktisch wie eine LKW-Plane. Vor allem der rückwärtige Schlitz bis zur Unterkante Gesäßfalte, der auf dem erotischen Misthaufen des Präsidenten gewachsen sein dürfte, gibt mir ständig das Gefühl, als würde mir jemand dabei zusehen, wie ich in die Badewanne steige. Heute ungefähr 70 Krawatten abgeschnitten. Die angeblich angeborene Kastrationsangst des Mannes spürte ich bloß bei den Seidenkrawatten. Ansonsten reckten sie mir ihre Dinger bereitwillig entgegen. Faschingsfreitag: Seit sechs Uhr Aufsteh-Versuche. Dass ich das letzte halbe Jahr für mehrere hundert Euro im Solarium verbracht habe, sehe ich erst nach zwei Aspirin, drei Tassen Kaffee und der siebten Zigarette allmählich wieder durchschimmern. Wir klappern jede Menge Firmen und Geschäfte ab, verschütten Sekt auf Kosten des Hauses und jeder vom Hilfshausmeister bis zum Alzheimer befallenen Seniorchef glaubt, mir seinen feuchten Gesichtsrüssel unter die Nase reiben zu müssen. Der Präsident sagt, das muss sein, bringt Geld, schließlich haben wir gehörig Schulden wegen der Kostüme. Dabei hat das Kostüm eines Gardemädchens zusammengerechnet höchstens die Fläche eines Waschlappens.

Die armen Weiber behelfen sich mit hautfarbenen Bodys, um zumindest im Bereich des auslaufenden Unterleibs etwas gegen Spritzwasser geschützt zu sein. Versuche, den Geruch der Fremdspeichel-Make-up-Mischung in meinem Gesicht mit Jägermeister abzutöten. Das einzige, das er tötet, bin schließlich ich.

Faschingssamstag: Kam wie in einer Gruft zu mir und fühle mich heute als hätte ich mit einem Dutzend Kater übernachtet. Überspachtle das Profil, das der Fasching wie ein Winterreifen in meinem Gesicht hinterlässt, mit frostsicherer Schminke. Schleim abgehustet und ein Zigarillo inhaliert. Meine Zigaretten hat der Prinz mit seiner eifersüchtigen Tschechin weggepafft.

Fünfmal eiskalter Bus und fünf heiße Ballsäle mit schweißgeschwängerter Atemluft liegen vor mir. Ansprachen – der Prinz hat ein Redetalent wie ein Kälbersauger und nuschelt als hätte er denselben hinterm Gaumensegel. Der Präsident übergibt sich vor der Abfahrt und im Lauf des Abends 137 Orden. Alle anderen Ballbesucher haben schon einen. Zwei Kerle lehnen den Orden ab, wir bekommen das Geld so und ich brauche die beiden auch nicht küssen. Schade – da war der einzige Gutaussehende darunter. Morgen Faschingszug. Saukälte. Die Mädels tun mir leid. Am Rosenmontag besuchen wir die Arztpraxen. Hoffentlich ist eine urologische dabei und der Arzt kann sich gleich die Blasen mit anschaun. Bei mir stimmt's auch nicht mehr, vor allem beim Husten. Kein Wunder, es zieht ja ständig. Scheiß Fummel! Helau!

Identitätsverlustfasching

Dass im Fasching von einem Teil der menschlichen Artgenossen unseres Kulturkreises der Verlust der eigenen Identität bewusst herbeigeführt wird, kann jeder Faschingsballbesucher, der sich anderntags noch an irgendetwas erinnern kann, bestätigen. Den einen reicht der bloße Verlust (vgl. die Redewendung „... bis zum Verlust der Muttersprache"), die anderen suchen darüber hinaus eine andere, vielleicht ihre wahre, Identität („... die Sau rauslassen"). Mag dieser Eindruck jetzt auch entstanden sein – der Identitätsverlust muss nicht immer „herbeigesoffen" werden. Nahezu unbemerkt, und mit der Zeit wie selbstverständlich, kann sich der Identitätsverlust auch über den so genannten Zeitgeist einschleichen. Da gibt es gewisse Modeerscheinungen, die sich, kritiklos übernommen und nicht mehr hinterfragt, gehörig auswachsen. Zum Beispiel: Landauf landab müssen die Prinzengarden (Prinzengarde, eigentlich die uniformierte Leibwache des Prinzen) oft auf Kosten ihrer absolut tollen Formationstänze ein aus einer silikonaufgeschwemmten Schicki-Micki-Scheinwelt abgekupfertes „Hollywood-Broadway-Glitter&Glamour-Showtanz-Szenario" abliefern. Mithilfe astronomisch teuerer Fummel und durchaus anerkennenswertem Einsatz arbeitet man sich monatelang in Richtung unerreichbares Original vor.

Pardon, wenn ich den Versuch, diese hoch liegende Männerphantasielatte zu überspringen, jetzt etwas drastisch beschreibe: „Gewürzt mit blickdichtem

Strumpfhosen-Sex präsentiert Funkenmariechen Britney Fleischhuber einen ‚Half-Strip' zur Filmmusik „Die Nackten und die Toten" auf einem bierkistlgestützten Catwalk aus Schaltafeln nach einer Choreographie von Kevin (Sepp) Katzenlochner. Geballte Erotik in Form knapper Wäsche lässt über ein vereinzeltes ‚unglampertes' (für den Nicht-Oberpfälzer: „ungeschicktes") Schrittchen schon mal hinwegsehen. Analog zu den teils ‚push-up-unterstützten' weiblichen Rundungen treten vorwiegend beim männlichen Publikum unter anderem die erregten Augäpfel deutlich hervor. Kann aber auch sein, dass ‚Alcopops' die Augen aufquellen lassen: Bier, Schnaps, Zucker und was weiß der Teufel noch alles wird zu diesen hervorragend ungesunden Gesöffen zusammengerührt, die ihres Fruchtsaftgeschmacks wegen auch Minderjährigen das Wegtrinken von sonst ungenießbaren Fuselalkoholresten und Tropfbier erleichtern. Unidentifizierbare Getränke lassen uns die Identität verlieren, die unser Fasching zum Teil schon verloren hat. Schaut fast so aus, als hätten wir nichts eigenes mehr." Man verzeihe mir diese bissige aber doch in manchen Punkten zutreffende Beschreibung des oberpfälzischen Faschings. Angestrebter Stars&Sternchen-Medien-Einheitsbrei verkehrt die Narrenfreiheit ins Gegenteil. Die Folge: Identitätsverlust, weil gefangen in der Kopie. Schlag nach beim Philosophen und klau aus dessen Strophen:
„Hüte dich vor Mist und werde, der du bist!"

Tanzmariechen

Die Garde kam, das Bein gestreckt,
im Wesentlichen abgedeckt,
da sprach der Franz, man sieht es gleich:
„Das Elternhaus war nährstoffreich!"

Heißer Fummel

Sitzt der Fummel eng und knapp,
lenkt's von der Visage ab
und das ist, je nach Angesicht,
so verkehrt für manche nicht.

Das Publikum

Sitzt vor der Bühne wer herum,
spricht man ab zwei von Publikum.

Deutschland sucht den Superstar

Ist jemand im Gesang versiert
oder hat ihn gar studiert
und übt die Kunst, mit leerem Magen
sich mit Gesang herum zu schlagen,
dann bringt das auch den besten Kräher
mit der Zeit dem Wahnsinn näher
und treibt ihn – geistig nicht mehr klar –
zu „Deutschland sucht den Superstar".

Die Kienstler bitte auf die Biehne

Dieser ebenso wichtigtuerisch wie oberflächlich dünn dahergesäuselte Lautsprecher-Aufruf, vernommen in irgendwelchen rückwärtigen Bühnenkatakomben, sorgt schön nachgesprochen immer wieder für Heiterkeit. Der „Kienstler" in diesem Satz klingt für mich ähnlich schwachbrüstig und zwischenzeitlich so aufregend wie „Deutschland sucht den Super-Irgendwas": Ein egozentrisches Selbstdarstellungshäuflein produziert mit viel Bodennebel bzw. Bodensatz und dem künstlerischen Tiefgang einer Viehauktion (mit Vokabular unter dem Niveau derselben) Superdingsbumse am laufenden Band. Leider sind die Resultate so farblos und blutleer wie sich der „Kienstler" im Eingangszitat anhört. Bestenfalls kommt ein interessanter Fassadenkasper oder eine durchaus talentierte, aber profillose, im Endstadium pubertierende Supersusi dabei heraus, die auf ein möglichst spätes Verfallsdatum hoffen lässt. Wie beim Aussprechen des Wortes „Kienstler" bleibt alles irgendwie vorne oder an der Oberfläche. Wer schon mal geangelt hat, weiß: Mit an der Wasseroberfläche schwimmenden Fischen ist es nicht weit her. Wenn's denn überhaupt Fische sind, die da kommen. Meistens wird unnützes Zeug angeschwemmt. Der sensationsmediendurchtränkte deutsche Einheitsbürger hat nichts Eiligeres zu tun, als Provisions-Weihrauch in Form von Fanartikeln zu kaufen und aufsteigen zu lassen, um dem klinisch fabrizierten Super-„Kienstler" zu huldigen.

„Super“ droht in diesem Zusammenhang so super abgegriffen zu werden, wie der Griff einer Bahnhofstoilettenbürste. So superschnell man von einer profitumsichschlagenden Supermaschinerie zum Super-XY hochgefahren wird, so rasant werden wirkliche Könner, zum Beispiel von politischen Bühnen super-sensationell aufgemacht, medientechnisch herunter gemobbt. Ein kleiner Fehler (und wer macht keine Fehler?) wird in der Öffentlichkeit unbarmherzig so lange breitgewalzt, bis der ansonsten tadellose Künstler seiner Zunft resigniert die (politische) Bühne verlässt. Wen wundert es da, dass die, die ’s könnten, nicht mehr auf Bühnen gleich welcher Art wollen und das Terrain den „Kienstlern“ überlassen, die es gewohnt sind (oft verdientermaßen), rasch verheizt zu werden. Hoffentlich sind die vielen „Superschtars“ auf den Super-Revolverblattbühnen nicht Spiegelbild des Zustands der wirtschaftlichen und politischen Leitbilder der Restnation.
Ich wünsche mir – und ich hoffe Sie auch – wieder mehr den klangvollen Aufruf in die bitte nicht so tief angesiedelten Garderoben unseres Landes: „Die Künstler bitte auf die Bühne.“

Bäg tu sa ruuds

Zugegeben: Die Überschrift liest sich wie eine Fast-Food-Neuerfindung, entstanden aus einer türkisch-amerikanischen Mäc-Döner-Kreuzung. Eine Art Häck-Mäc-Semmel zum Abbau von Restfleischbeständen aus vergammelten Wildsauverwertungsanstalten. Weit gefehlt! Der im Mundartgedichtllesen geübte, dialektfähige Zeitgenosse hat sofort erkannt, dass sich dahinter kein abgelaufenes Kängurubeutelbrötchen verbirgt, sondern „Back to the roots".
„Zurück zu den Wurzeln!" – eine angloamerikanische Wurzelweisheit, die absolut nichts mit einem Aufruf der Kassenzahnärztlichen Vereinigung an ihre Mitglieder zu tun hat, in Zeiten lausiger Verdienste auch bei gesunden Zähnen die Wurzeln herauszusägen. Nein – wo denken Sie hin! „Zurück zu den Wurzeln" hat wie ein Virus nur dann einen Sinn, wenn es übertragen wird, also im übertragenen Sinn. Da stand doch tatsächlich auf hochdeutsch in der Zeitung, die Kinder sollen wieder Dialekt sprechen. Pardauz! Oder vielmehr: Kreizbirnbaam! Ja, wos isn dees? „... Mundart zu sprechen, trägt wesentlich zur Persönlichkeitsbildung bei ...", auf deitsch: Nur der wird ein „Hund, ein ganz verreckter" oder „eine Matz" (= höchstes Lob für gewiefte Bayern), der/die einen Dialekt drauf hat, da wo der Rauch davon geht.
Also darf man endlich wieder „Grieß Good" und „Servus" sagen, ohne als „gescherter, routbackerter Bauernsrammel" denunziert zu werden, und man muss nicht mehr dieses lauwarme „Eunuchen-Tschühüüss-

chen“ wie ein Gekluppter herauswinseln? Ja! Es sieht so aus, als ob mit diesem Wurzelrückkehrspruch endlich mal wieder was Gescheit’s aus Amerika gekommen wäre. Nachdem die Deutschen ihre schönen verwurzelten Traditionsläden an nebulöse Auslandsläden verklopft haben (vielleicht gehört der Daimler-Chrysler-Laden längst Bin Laden?), lassen diese Läden hierzulande dieselben herunter und machen die Läden dicht. Fängt jetzt das kurz und klein gestutzte deutsche Wurzelgemüse wieder aus der Wurzel zu treiben an? Hervorgekramt wie der Dialekt darf auch „Wir“ und „Deutschland“ wieder auf der Posaune geblasen werden. Unisono dazu „Seid fruchtbar und mehret euch!“ Die Weitergabe des Lebens wird trotz Armutsrisiko nicht bloß mehr von den Blödesten der Nation als sinnvolle Betätigung erkannt. Schwarze und Rote dürfen einander sogar Recht geben, statt die Lösung des Problems im gegenseitigen Parteiengekotze zu ersäufen. Fleiß, Pünktlichkeit, Zuverlässigkeit, Sauberkeit ... usw. Kommt der alte deutsche Quark tatsächlich wieder hoch? „Bäg tu sa ruuds – zurück zu den Wurzeln“. Vielleicht gar nicht so blöd. Vor allem in Zeiten, wo die Baumkronen lichter werden und – der deutsche Wald wird’s schon nicht wörtlich nehmen.

Dialektische Experimente

oder

Der randböhmische Dialekt des Oberpfälzer Waldes und seine holprige Verhochdeutschung

1. Versuch

Is des woua, das a Kroua
in an Joua hinterm Oua
an Scheppl Houa wachsen loua ka?
=
Ist es richtig, dass ein Rabe,
ausgestattet mit der Gabe,
(gesetzt den Fall, dass er sie habe)
sich binnen einen Jahres
einen Schopf gewachs'nen Haares
hinterm Ausgang am Gehör
zu wachsen lassen in der Lage wär'?

2. Versuch

Hinter mein Vodan sein Stodl
dasaffn die Kodl im Odl,
hinter mein Vodan sein Haus
kennt si koi Sau möina aus.
=
Daheim hinterm Schuppen beim Vater
ertrinken in Jauche die Kater
und an der Rückseite des Baus
sieht es verheerend aus.

3. Versuch

Da Vada sagts und d' Mutta sagts a
im Huaf liegt a übriche faichtene Stra.
=
Vater spricht und Mutter im Nu
stimmt dem Vater zu:
Im Hofe, da liegen noch Reste
von der Fichte, nämlich Äste.

4. Versuch a)

Am Buan uam druam homs d' Wäsch afghenkt,
das niat nos wird, wenns draaß rengt.
=
Am Speicher oben, unterm Dache,
hängt die Wäsche, feine Sache,
weil das Dach, falls Regen fällt,
die Wäsche völlig trocken hält.

4. Versuch b)

Wail wird die Wäsch dann nos,
daout d' Mutta wai da Wastl im Foos.
=
Denn wird die Wäsche nass,
tobt Mutti wie Sebastian im Fass.

Was bleibt, ist der Wald

Der Wald ist eine überwiegend senkrechte Ansammlung hölzerner Stangen, durchsetzt mit diversem Gewächs- und Viehzeug, der trotz jahrhundertelangem, hartnäckigem Vorkommen in der Oberpfalz auf breitem Raum vor lauter Bäumen nicht gesehen wird. „Oberpfälzer Wald“ sagt den waldblinden Eingeborenen nichts. Stattdessen wird „waldignorant“ bis zum Erbrechen der Lamentierbegriff „Nordoberpfalz“ wiedergekäut. Dieses Unwort hat in etwa den Charme einer finnischen Ortschaft jenseits des Polarkreises, die dort die Selbstmordstatistik anführt. Ein regelmäßig untertänigst in München vorheulendes „Armenhaus Nordoberpfalz“ hinterlässt bei der Partei mit dem Slogan „Näher am Menschen“, der eigentlich „Näher an München“ heißen müsste, wenig Eindruck. Da hört sich „Oberpfälzer Wald“ schon anders an. So ähnlich wie „Bayerischer Wald“ oder „Böhmerwald“. Das sind Markenzeichen geworden, die von den Bewohnern stolz und nicht im Tonfall einer Leichenrede ausgesprochen werden. Eine einheitlich und selbstbewusst auftretende Region „Oberpfälzer Wald“ gäbe ein besseres Erscheinungsbild ab, als schön einzeln in die Landeshauptstadt pilgernde schwarze Friedhofswärtermützen mit der fröstelnd-verlorenen Aufschrift „Nordoberpfalz“. Die vielen Hinweisschilder auf Ruinen in der Oberpfalz (Burgruine, Glas(ruinen)straße, Porzellan(ruinen) straße) beweisen uns, dass einzig und allein auf den Wald Verlass ist. Er bleibt!

Darum braucht unser treuer „Oberpfälzer Wald“, mit dem wir uns schnellstens verbünden und identifizieren sollten, unsere Fürsorge und unseren Widerstand gegen die Münchner Forst-Kastration. München mag seine paar Abgasstauden meinetwegen der kommunalen Verkehrsüberwachung anvertrauen. Wir können uns das nicht leisten. Wir brauchen einen intakten, für die Zukunft gerüsteten „Oberpfälzer Wald“ und die Forstleute dazu. Ein Forstkastrat mit einem Grüppchen Spargelstecher wird's nicht richten. Ich erinnere mich an einen Oberpfälzer Waldverein. Ist seine Stunde gekommen? Wird er vom „Steckerlverein“ zur großen Bürgerinitiative der Oberpfälzer für ihren Wald? Ich hoffe es, denn was uns bleibt, ist der Wald.

Försters Abschied aus der Oberpfalz

Es gibt Förster, die verschwinden,
weil sie etwas Bess'res finden
und es gibt welche, die sich schleichen
und denen sie die Stellung streichen,
weil die CSU des Geldes wegen
beschloss, die Wälder preiszugeben
beziehungsweise deren Rest
dem Käfer überlässt,
denn ist der Wald erst aus dem Wege,
spart man sich die Pflege –
fort mit dem Personal!
Wir sind doch München scheißegal!

München weiß, dass die Gestalten
in der Oberpfalz die Klappe halten.

Was die CSU auch will,
die Oberpfälzer halten still,
schicken brav ihr Geld nach München,
womit die ihre Schlösser tünchen.

Die Oberpfalz, fast menschenleer,
gibt auch noch die Förster her,
sagt zu allem Ja und Amen,
worauf die Münchner Schnösel kamen,
streut sich Asche auf die Birnen
und die Demut in Gehirnen
bekennt man wieder staubbedeckt:
„Bei uns ist halt der Hund verreckt.
Seid gehorsam und gebt Ruh' –
gepriesen sei die CSU!"

Die Oberpfalz, das bessere Bayern

Wer in der Heimat tief verwurzelt
gleich wo in der Welt ‘rumpurzelt,
sollte doch bei allem Treiben
stolz auf seine Heimat bleiben.

Schätzt auch der Zeitgeist das Genormte,
es ist die Heimat, die uns formte
und die uns verhalf vom Kind
zu denen, die wir heute sind.

Drum halte für den Lebensrest,
Mensch, an deiner Herkunft fest.
Suchst du noch so sehr das Weite,
du findest keine zweite.

Und kämst du von der Hühnersteige,
Oberpfälzer sei nicht feige,
verkünde, ohne auszuleiern:
„Die Oberpfalz ist ’s bess’re Bayern!“

Die Oberpfalz und das Ende

Die Oberpfalz geht im Norden und im Osten zu Ende. Sie hat auch noch im Süden und im Westen ein Ende, also liegt in der Oberpfalz irgendein Ende immer in der Nähe. Enden haben es bisweilen an sich, dass sie sich vorher ankündigen oder erfühlen lassen, zum Beispiel das Tagesende, das Ende einer Kuh, das End‘ vom Lied, das Ende einer Schwangerschaft und oft sogar das Lebensende. Es gibt herbeigesehnte, glückliche, schreckliche, schlimme und happy Enden. Woran erkennt man ein Ende der Oberpfalz? Geographisch auf Anhieb: Die Oberpfalz hört an ihren Enden einfach auf. Und sonst? Auch vieles andere scheint bei uns, verglichen mit dem Süden, wie die Oberpfalz selbst, hier einfach aufzuhören: Dichte Besiedelung, Baukräne in der Landschaft, Arbeitsplätze, der Beistand der Regierenden, öffentlicher Personen-Nahverkehr, Fördergelder, innovative Betriebe, krisenfeste Unternehmer statt gut bezahlter Untergangsmanager, die Optimisten in der Bevölkerung usw. Das Ende der Oberpfalz? So kann's ja wohl nicht sein und wenn's so ist, kann's so nicht bleiben. Also: „Wos mach‘ ma?“
Zuallererst das Selbstwertgefühl in Ordnung bringen. Speziell für die nicht mit Regensburger Fettaugen gesegneten Oberpfälzer: Erst mal ein's aufbau'n! Etwas mehr oberbayerische „Mir san mir“-Mentalität und „‘s Maul aufreißen“ kann hier überhaupt nicht schaden. Dazu ist es unbedingt nötig, dass wir mehr an unsere Stärken denken und von ihnen reden: Eine traumhafte Landschaft, bodenständige Leute statt versiffter Groß-

stadtexistenzen, urige Gastronomie, Wälder, Burgen, Freilichttheater und und und... total moderate Preise, beispielsweise kenn‘ ich Ecken, da gibt's die Halbe Bier (0,5 l!) zu 1,40 Euro.
Aber nicht weitersagen – oder sollten wir's doch weitersagen? Wenn wir das alles kundtun, muss mit Touristen gerechnet werden und da gibt es Gegenden, die tatsächlich voll von denen leben. So krass muss es ja nicht sein, aber die „Light-Version“: Tourismus sanft? Übers Kirchturmdach hinaus alle am selben Strang gezogen, könnten hinten ein paar Touristen dranhängen. Es wären wieder mal Anfänge nötig, nachdem wir derzeit bloß Enden haben. „Fängt kein and'rer mehr was bei dir an, na dann fang halt selbst was an.“
Alte Lebensweisheit: In jedem Ende steckt ein Anfang. Demzufolge müssen die oberpfälzischen Enden viele Anfänge in sich bergen. Suchen wir sie, anstatt zu warten und die Rente herbei zu sehnen, denn Vorsicht: Auch die Rente hat ein Ende. Doch selbst hinter diesem soll wieder ein neuer Anfang sein. Glaub‘ ich zumindest.

Kirchturmgedanken

Wer schon einmal auf einem Kirchturm war und diesen nicht mittels Sprung von oben, sondern auf dem Fußweg wieder lebendig verlassen hat, wird einen relativ weiten Blick, den man je nach Lage des Kirchturms von dort oben hat, bestätigen können. Die an den Kirchturm angelehnte Kirchturmpolitik operiert trotz Namensgleichheit leider mit einem viel engeren Gesichtsfeld. Das von mir extra erfundene Wort „Kirchturmschlagschattenhorizont“ trifft wohl eher die Reichweite der im Radius der Dreifelderwirtschaft kreisenden Gedanken zeitgenössischer Entscheidungsträger. Deren geistige Bewegung (falls sich überhaupt etwas bewegt) erfolgt in den Grenzen von „Hom ma scha immer sua gmacht“ (= „Haben wir schon immer so gemacht“). Immer wenn es an der Zeit wäre, neue und größer dimensionierte Wege zu beschreiten, hemmen unsichtbare Gedankenzäune die Schritte der Vernunft. In der eigenen oder in irgendeiner Institutions- oder Behördenbirne entstandene Hirnbarrieren begrenzen wie zementiert den eingelaufenen alten Denkfeldweg. Grenzen ziehen ist überhaupt eine deutsche Sportart. Man betrachte unser Land vom Kirchturm oder vom Flugzeug aus: Rechtwinklige Hecken, Zäunchen, Mauern, Erdhäufchen, Steinwälle, mit Brettern verschlagene Schrebergärtchen mit Ferrarifähnchen usw. nach dem Motto: Ein echtes deutsches Pflänzchen hat auch ein deutsches Grenzchen!

Wenn das Land die Leute widerspiegelt, dann steckt da eine ziemlich kleinkarierte Gesellschaft dahinter und wirklich: Obwohl uns die Technik immer näher zusammenrückt, hüten wir sorgsam unsere vielen althergebrachten Grenzchen. Zahllose Vereine mit gleichem Vereinsziel aber eigenem Haisl. Viele Kommunen mit parallelen Draufzahleinrichtungen. Kreisfreie Städte und Landkreise mit identischen aber konkurrierenden Millionengräbern. Räumlich wenige Autominuten voneinander entfernt scheitert die Zusammenarbeit bloß an konstruierten Gehirneinschränkungen wie zum Beispiel Landkreisgrenzen, Stadtgrenzen, Gemeindegrenzen, Konfessionsgrenzen, Vereinsgrenzen, Parteigrenzen, -grenzen, -grenzen, -grenzen ... Wir ersteigern uns einerseits übers Internet einen gut abgehangenen Schrumpfkopf aus Peru, sind aber andererseits nicht in der Lage über eine Stadtgrenze hinweg zu handeln. Unsere geistige Entwicklung scheint der technischen meilenweit hinterher zu hinken. Mit etwas Weitblick sieht man hierzulande vom Kirchturm aus eine einzige atemberaubend schöne Landschaft, den Oberpfälzer Wald. Mit diesem Gedanken sollten wir als Region über alle Kirchtürme hinweg auftreten: Schöner Oberpfälzer Wald!

KO-Operation

Bei „KO“ und „Operation“ mag jetzt beim einen oder anderen vielleicht noch Vitali Klitschkos aufgeplatztes Abbild seiner selbst (Vitali = möglicherweise eine russische Vergangenheitsform von vital) im WM-Boxkampf 2003 gegen Lennox Lewis aufsteigen, der, wenn auch nicht ganz KO, wenigstens in einer Operation endete. Leider drängen sich mir bei „KO-Operation“ ganz andere Vergleiche auf. Ich sehe mich an kommunalpolitische Parlamente unterer und unterster politischer Ebenen unserer Zeit erinnert. Zum Leidwesen des genervten Bürgers wird dort noch immer nach irgendwelchen Parteien-KO-Prinzipien operiert. Bis in die kleinsten Kuhdörfer hinein glaubt man, in Selbstüberschätzung seiner Funktion als Parteibuchinhaber, den mediengerechten Laufsteg der Politmodels verlängern zu müssen. Ein festgerosteter Unterflurhydrantendeckel wird parteistrategisch so ausgeleuchtet, bis er dem politischen Gegner Schaden zufügt. Dank ähnlich festgerosteter Parteistrukturen wird das zankende Gremium noch handlungsunfähiger, als es finanziell sowieso schon ist. Es bewegt sich nichts außer der Schuld, die einer dem anderen zuschiebt. Mit Wortgefechten und Gezerre in verschiedene Richtungen bewegt sich die Karre nicht vom Fleck. Konstruktive Vorschläge scheitern an der Farbe des Verursachers: „Er hat zwar recht, aber wir sind dagegen, weil's nicht von uns kommt.“ Die Weitsicht von Entscheidungen, vorausgesetzt es kommt zu welchen, hat besten-

falls den nächsten Wahltermin im Auge und da ist ja ständig wo einer.
Das Stimmvolk, der Realität und der Verantwortung entwöhnt, steht halt auf verbales Beruhigungsgesäusel und verkraftet die Wahrheit leider erst, wenn sie eintritt. Also: Warum die Wahrheit auch noch ankündigen? Parteien-Amphitheater ist in Zeiten, wo's sonst nichts zu tun gibt, ganz schick. Hat aber das eine Boot, in dem wir alle sitzen, eine ernst zu nehmende Schlagseite und droht abzusaufen, dann sollte die Crew egal welcher Tätowierung sich schleunigst gemeinsam auf die gegenüberliegende Seite legen. Grüppchen, die teils übergestülpter Weltanschauungen wegen ihre Postition auf dem Deck nicht ändern möchten, nützen dem gebeutelten Schiffchen nichts. Mit dieser Operation geht der Kahn KO. Also verabschieden wir uns von KO-Operationen. Setzen wir lieber auf Zusammenarbeit oder: Kooperation.

„Abgebrannt…“

… ursprünglich ein Wort für das Ergebnis einer misslungenen Brandbekämpfung – hat mit der Erfindung des Geldes schnell Eingang in den Jargon der Finanzwelt gefunden.
Das zog wohl zwangsläufig die heute mehr denn je brandaktuelle Definition von „abgebrannt“ = mittellos, in Geldverlegenheit, nach sich. Die Zustandsbeschreibung „abgebrannt“ oder „pleite“ erfreut sich vor allem in öffentlichen Haushalten zunehmender Beliebtheit. Dabei ist „abgebrannt“ für nahezu alle allgemeinen Institutionen nicht mal mehr ausreichend, denn „Abbrennen“ hört spätestens dann auf, wenn nichts Brennbares mehr da ist. Dieser seit Existenz des Feuers bekannte Grundsatz wurde beim „Abbrennen“ der öffentlichen Finanzen in den letzten Jahrzehnten grob vorsätzlich missachtet. Pleiten im Sinne von „mittellos“ wurden dank Geldverleiher weit über den Status „abgebrannt“ hinaus fortgesetzt. Unsere Finanzmaschinerie ermöglicht es mittels Schulden weniger als nichts zu haben. Analog zu meinem Lieblingsbeispiel aus der höheren Mathematik (zwei Fahrgäste im Bus – sieben steigen aus – müssen fünf einsteigen, damit keiner drin ist) könnte eine angenommene Entschuldung lediglich „abgebrannt“ im physikalischen Sinne herbeiführen. Verglichen mit der derzeitigen Situation eine geradezu himmlische Vorstellung. Wo ist nun das Geld hingekommen? Ein Freund von mir sagt: „Geld ist nie weg, es hat bloß ein anderer.“

Wenn die Allgemeinheit pleite ist, dann müssen es welche haben, die sich zumindest finanziell nicht zur Allgemeinheit zählen. Vielleicht kann man jenen zur Einsicht verhelfen, dass sie doch dazugehören. Sie leben ja unter uns. Was kann man sonst noch tun? Wer Geld hat, soll's in vernünftigem Maß ausgeben. Am besten an Gleichgesinnte aus der Region, die nicht drauf hocken bleiben. Wer nichts hat oder vor lauter Sparsamkeit nichts zu haben glaubt, vertraue auf den Satz: Not macht erfinderisch. Das läßt hoffen. Steigert „nichts haben“ oder „abgebrannt“ die Kreativität? Könnte sein. Vorangegangene Generationen von „Nichtlamentierern“ haben's uns bewiesen. Auch wir können uns gemeinsam was ausdenken, solange wir uns noch haben. Mir fällt im Moment nichts mehr dazu ein als ein philosophisch angehauchter Zweizeiler:
„Wer pleite ist, dem fehlt das Geld.
Sei glücklich, wenn dir sonst nichts fehlt.“

Fastenzeit und nachösterlicher Rückfall

„Körper, Seele, Geist entlasten
soll bekanntlich ja das Fasten,
wobei Fasten sich bei wenig Geist
oftmals als fatal erweist.“

Eigene Erfahrungen und Beobachtungen veranlassten mich schon vor geraumer Zeit zur Niederschrift des einleitenden Vierzeilers. Die hier getroffene Aussage ist vielleicht einer der Gründe dafür, dass die so genannte „Fastenzeit“ von ihrem Erfinder mit einem Ende versehen wurde, bei uns gemeinhin: Ostern. Selbstauferlegter Verzicht, auf was auch immer, wird, sofern überhaupt begonnen, analog zur Willensstärke nach Stunden, Tagen oder Wochen beendet. Wer's bis Ostern aushält, den ereilt der „nachösterliche Rückfall“: Abrupt werden einst als sinnvoll erkannte Beschränkungen aufgegeben und von einer Stunde auf die andere frönt man wieder alten Lastern oder Gewohnheiten. Nicht selten lässt ein entfesseltes Herfallen über das zuvor Gemiedene den Eindruck entstehen, als müsse Versäumtes aufgeholt werden. Um sich dafür zu rüsten, stürmt die Bevölkerung am Karsamstag in erster Linie die Lebensmittelgeschäfte, als stünde eine flächendeckende Hungersnot unmittelbar bevor. Die „Fastenden an Speis und Trank“ bereiten so ihren Rückfall vor. Die Nichtfastenden unterstützen nach Leibeskräften mit dem genau gleichen Konsumverhal-

ten diese Vorkehrungen, obwohl sie nicht rückfällig werden können, weil sie die ganze Zeit über dem Verhalten nach rückfällig waren.
Gläubige Fastende und Nichtfastende besuchen kirchliche Osternachtfeiern, für die anderen Fastenden geben die Kirchen weithin hörbare Glockensignale, die als offizielles Ende der Fastenzeit auch für „Außerkirchliche" den besagten Rückfall einläuten. Vulgäre Interpretation des Geläuts aus kirchenfernerer Sicht: „So, jetzt können wir wieder!"
Wir können uns also wieder ohne schlechtem Gewissen dem weltlichen Getriebe hingeben – obwohl:
Freiwillig angenommenen Entbehrungen werden teils wunderliche Dinge nachgesagt, so zum Beispiel Körpergewichtsabnahme (natürlich nur bei Verringerung der Materialzufuhr), Reinigung durch Lösen von Verkrustungen (eher innerlich, äußerlich nur bei extremem Gewichtsverlust), Läuterung der Sinne (zum Vorteil des siebten), Entschlackung körpereigener Hohlräume bis in die Kopfregion hinein, das heißt: Mehr Platz für Geist! Material geht, der Geist kommt.
Wenn dem so ist, dann müsste es im Gegensatz zu meiner eingangs gemachten Aussage heißen:
„Körper, Seele, Geist entlasten
soll bekanntlich ja das Fasten
und Einzug hält auch dort der Geist,
wo er sonst nur selten kreist."

Die Erbtante

Hast du eine Tante
und die hat was auf der Kante,
dann solltest du sie öfter treffen,
als sich mit ihr die and'ren Neffen.

Sparsamkeit

Ist der Mensch noch selbst am Leben,
sollte er sein Geld ausgeben,
denn spätestens beim Leichenschmaus
geben's für ihn Andre aus.

Wer zahlt die neue Kläranlage?

Die moderne, zeitgemäße und latente
Entsorgung bürgerlicher Exkremente,
unterteilt in flüssige und feste
noch zu klärende Verdauungsreste,
liegt der Stadt, um es mal so zu sagen,
samt ihrem Inhalt schwer im Magen.

Demzufolge lautet die zentrale Frage:
Wer zahlt die neue Kläranlage?

So schlimm wird's goar niat

Mit „So schlimm wird's goar niat!" quittierte kürzlich einer meiner Windischeschenbacher Mitbürger seinen Kostenbeitrag zur neuen Kläranlage, dessen Berechnung nach fast 15 Jahren Kakophonie (Vokabel aus dem Repertoire eines ehemaligen deutschen Kanzlers, zwar nicht zu Windischeschenbach, passt hier aber prima) endlich möglich geworden war. Na also! Das klingt doch wieder mal nach was! Da könnte sich die ganze Republik – ach was sag' ich – die ganze übersättigte, in Lamentier-Lethargie zer- und verfallene westliche Welt eine Scheibe abschneiden. „So schlimm wird's goar niat!" Dieses oberpfälzische Kleinstadt-Beitragszahler-Zitat muss durch das alte Europa, wenn nicht um die Welt gehen! Ich scheue mich nicht, Gajus Julius Caesars weltberühmten Ausspruch „Veni, vidi, vici" – „Ich kam, ich sah, ich siegte" anlässlich seines Sieges bei Zela am 2. August 47 vor Christus (Uhrzeit nicht überliefert) mit dem oberpfälzischen Satz meines Bekannten „So schlimm wird's goar niat!" vom 12. Mai 2004 nach Christus um 23.30 Uhr anlässlich eines Stammtisches in Windischeschenbach in eine Reihe zu stellen. In den fünf Wörtern des Nordoberpfälzers schwingt wie beim alten Caesar Siegeswille und Gelassenheit zugleich mit. Wohl auch der Grund dafür, dass sich die Römer bei uns immer blutige Nasen holten und es ihnen nie gelang, uns zu besetzen. Aus „So schlimm wird's goar niat!" spricht aber auch die Erkenntnis, dass wir uns rückblickend von phantasievoll fremd- oder selbst konstruierten Zukunftsängsten wieder mal schön ins Bockshorn haben jagen lassen. Wer schon ins Bockshorn (nicht: in den Bocksbeutel!) geschaut hat oder es sich zumindest vorstellen kann, der weiß, dass es da drin nicht mehr weiter geht. Im Bocksbeutel übrigens auch nicht. Weitergehen ist aber eine unabdingbare Gesetzmäßigkeit, der der Mensch im Diesseits unterworfen ist. Die Bewegung im Strom der Zeit kennt nur die Richtung vorwärts. Der Versuch das Gehirn davon auszunehmen, wird den hirnlosen Rest steuerlos in der Zeit weiter treiben lassen. Man wird zum Spielball der Zeit, weil man seinem Schiss nachhängt, statt sich ans Ruder zu hängen. Wie erleichternd, wenn in einem solchen Boot einer sagt: „So schlimm wird's goar niat!" Wie zu Pfingsten könnte hinter diesem Satz sogar der Heilige Geist stecken, der hier den Beweis antritt, dass er selbst durch die Granitschädeldächer der Oberpfälzer hindurch wirkt und dort Hoffnung aufkeimen lässt. Nachdem wir Diesseitigen der Zukunft nur übers Jenseits ausweichen können, versuche ich, solange ich noch da bin, mit „So schlimm wird's goar niat" die Zukunft zu meistern. Caesar hätte gesagt: „Cohibemus" – „Des pack' ma!"

„Schaffe, schaffe, Häusle baue ...“

... ist die im gleichnamigen Liedchen vertonte erste aller urschwäbischen Tugenden. In Zeiten, als lebhafte und selbst verursachte Vermehrung hierzulande noch der Brauch war, verbreitete sich das Schwabenmotto sinnigerweise rasch und wurde westliche Kultur. Nicht bloß zitiert, gesungen oder gedacht – nein, man kann sagen: Und das Wort ist Stein geworden, wird's immer noch und steht heute überall herum. Vom „Häusle baue“ anscheinend unbemerkt, ist jetzt der Vater oder besser gesagt die Mutter des Gedankens ausgeblieben: Die Vermehrung. Wir, die „Häuslebauer“ vermehren uns nicht mehr. Auf den ersten Blick der Vermehrung dienendes Treiben wird von der fortpflanzungsfähigen Bevölkerung teils intensiver praktiziert denn je, kommerzialisiert oder mehr als Leistungssport ausgeübt. Es gibt zahlreiche Libido-Aufputscher und „Unterleibs-Energizer“, aber wie bei so vielen Geschäften unserer Zeit: Es kommt nichts mehr dabei heraus. Das Vermehrungsanbahnungsgeschäft bleibt in der Mehrheit der Fälle sogar vorsätzlich ohne Resultat. Bildhaft gesprochen wächst der Lebensbaum unseres Volkes unten viel dünner nach als er oben abstirbt. Für das betroffene Volk nicht so gut, aber global gesehen richtig reagiert. Woanders auf der Erde wird der Mensch dem Wortsinn von Vermehrung mehr als gerecht. Berechnungen zufolge so rasant, dass die Statistik dramaturgisch von einer „Bevölkerungsexplosion“ spricht. Hier beweist die Verwendung von „Explosion“ im Zusammenhang mit „Bevölkerung“ ganz

offensichtlich: Der Mensch fürchtet den Menschen. Nicht zu Unrecht, wenn man bedenkt, was die Menschheit, infiziert mit Unvernunft oder gar Dummheit, schon alles angerichtet hat.
Apropos Unvernunft – beim „Häusle baue“ kann ich mich mancherorts des Verdachts einer gewissen Unvernunft nicht erwehren. Unter größten finanziellen Anstrengungen werden überdimensionierte Domizile möglichst weit an die Ortsränder hinausgestellt. Andererseits ist die alte Bausubstanz im Ortskern unbewohnt und verlottert. Räumlich wie im übertragenen Sinn entfernen wir uns voneinander. Es ist wohl abzusehen, dass wir und unsere (wenigen) Nachkommen diese ganzen „Häusle“ nicht mehr bewohnen geschweige denn unterhalten können. Es steht eine Zunahme verwahrloster Hütten zu befürchten. Vielleicht sollten wir deshalb unsere ererbten Mauern mehr in Schuss bringen und dafür sorgen, dass man bis ins hohe Alter drinnen wohnen kann. Meines Erachtens historische Verpflichtung. Stilvolle Modernisierung mit Blick auf zu erwartende Lebensumstände ergibt einen Haufen Arbeit, der entsprechend gefördert von Papa Staat Sinn machen könnte. Oder hat die Weitsicht unserer „Häusle baue“-Politik bereits die globale Bevölkerungsentwicklung im Auge? Schließlich droht unser Planet – der Himmel möge uns davor bewahren – woanders ungemütlich oder unbewohnbar zu werden. Stellen wir uns wohl schon auf die ein, die da kommen werden? „Schaffe, schaffe, Häusle baue“ – global gesehen richtig!

Der Frühling

Der Frühling ist eine immer zur selben Zeit stattfindende Jahreszeit. Man kann sich zumindest auf seinen kalendarischen Beginn hundertprozentig verlassen. Es ist immer der 21. März, für den aufgrund seiner frühlingshaften Unzuverlässigkeit kein fester Wochentag und keine feste Uhrzeit festgelegt wurde. Den Frühlingsanfang auf einen bestimmten Wochentag zu legen, wäre wenig sinnvoll gewesen, weil der 21. März die Wochentage ständig wechselt. Das hat eine kosmische Ursache, die mit dem Lauf der Gestirne, des Erdballs und seines Trabanten Mond zusammenhängt, hinter die ich noch nicht gekommen bin. Mit dem Begriff Frühling verbindet der Durchschnittsmensch unserer Breiten hartnäckig angenehme klimatische Vorstellungen, obwohl er schon oft eines besseren (schlechteren) belehrt worden ist. Allein das Ausbleiben von Schneeverwehungen und Nachtfrost nicht unter – 10° Celsius wurde in diesem Zusammenhang schon als eindeutiges Anzeichen für den heraufziehenden Frühling gewertet. Andererseits werden die haargenau gleichen Wettererscheinungen im Herbst (der übrigens nicht „Spätling“ heißt) als klarer Hinweis dafür angesehen, dass der Winter kommt. Also ist die perspektivische Beschränktheit des menschlichen Denkens schuld am Frühling und am Wechsel der Jahreszeiten: Der Frühling kommt, weil wir denken, dass er kommt!? – Schmarrn! Dem Frühling ist es wurscht, ob jemand denkt, dass er kommt. Er kommt halt, vielleicht schon länger, als überhaupt jemand denkt. Man braucht nicht

dranzudenken. Bei allem Respekt vor der Macht der Gedanken – den Frühling lässt das kalt, vorwiegend nachts und wenn wir Pech haben auch tagsüber.
Er kann somit auf der Ebene unseres Geistes nicht beeinflusst werden. Wir können aber, soweit dazu in der Lage, unseren Geist beeinflussen, indem wir dem Frühling völlig unbefangen gegenübertreten und ihn so nehmen wie er ist. Irgendetwas Gutes wird er schon haben. Man muss es halt suchen, um es zu finden. Was uns nicht gefällt, haben wir ja auch gefunden. Es gibt zum Beispiel Momente, in denen einen die Sonne warm anscheint, wenn man schnell ist und nicht schon beim Hinaushasten im schattigen Hausgang zu Fall kommt.
Vorsichtiges, vereinzeltes Vogelgezwitscher lockert den Verkehrslärm etwas auf. Ein Hauch von Grün zeigt sich selbst auf landwirtschaftlich stillgelegten Flächen.
Diese drei Frühlingspositiva habe ich gefunden. Vielleicht finden Sie noch mehr.
Selbst wenn man nicht alles an ihm liebt, ich bin froh, dass es ihn gibt – den Frühling.

O mei o Mai

„O mei“ – für die Bayern, die’s nicht wissen – ist Bairisch. „O mei“ lässt sich wie „mei“ und „ja mei“ nicht in die deutsche Hochsprache übersetzen. Zumindest nicht wörtlich. Sie können es gerne versuchen, wenn Sie Zeit haben und Sie haben Zeit, sonst würden Sie jetzt nicht so nichtsnutzig herumsitzen, -stehen oder -liegen und dieses Zeug hier lesen. Diejenigen unter Ihnen, die eben die Lektüre unterbrochen, über eine „Verhochdeutschung“ von „o mei“ nachgedacht und spätestens bei „o mein“ aufgegeben haben, kann ich beruhigen. Sie sind mit Ihrer Ratlosigkeit nicht allein. Selbst ein namhaftes Dialektwörterbuch kapituliert vor „o mei“ und schreibt: „Mei ist wörtlich nicht einfach zu übersetzen.“ Je nach Mimik, Gestik, Betonung, Stimmhöhe könne es von höchster Anteilnahme bis hinunter in die tiefste Resignation sehr vieles bedeuten. Weiter heißt es wörtlich: „Norddeutsche benötigen dagegen meist einen Wortschwall, um ihre Gefühle so differenziert ausdrücken zu können. Sehr gut! Wortschwälle haben Unterhaltungswert und die Zeit vergeht dabei. Das ist wie bei Untersuchungsausschüssen. Vor allem, wenn sie als Medien-Circus-Maximus organisiert im Fernsehen übertragen werden. Gemäß dem alten römischen Satz „Panem et circenses“ (Brot und Circusspiele) zerrt man die mit dem meisten Unterhaltungswert, am besten Minister, ins Fernseh-Amphitheater, um den tagsüber zu Hause sitzenden Deutschen während der Woche etwas Kurzweil zu verschaffen.

Kapital- und Schwerverbrechern werden zur Wahrung ihrer Intimsphäre ja noch Anhörungen unter Ausschluss der Öffentlichkeit zugestanden. Solange deren Verhandlungen aus deutschen Gerichtssälen und Hinrichtungen aus den USA noch nicht live übertragen werden dürfen, müssen dafür übergangsweise Minister, Kanzler oder ähnliches wie die sprichwörtliche „Sau durchs Dorf“ getrieben werden. Kommen Sie mir nicht damit, die hätten Wichtigeres zu tun. Die haben als Gewählte für die Deutschen da zu sein, und die wollen in erster Linie unterhalten werden. Gewählt wird ja auch nach dem Unterhaltungswert. Das Volk braucht Opium und sei es nur in Form von Gefasel. Besoffen Geredete haben selbst was zu schwafeln, verbringen ihren Tag damit und haben abends das Gefühl, es wäre etwas geschehen. Schließlich ist ja ein Haufen Leute daran beteiligt, Polit-Szenarien nach Hollywood-Anleitung mediengerecht umzusetzen. Es kommt doch nicht darauf an, was gesagt wird, sondern wie. Es braucht auch nichts Neues sein: Zum x-ten Mal durchgekaute Fehler von vorgestern oder irgend so was. Ist doch wurscht! Dramaturgisch hergerichtet muss es sein. Das ist wichtig. Jawoll! Spannende Fernseh-Werktage! So wird Politik gemacht! – Und die Arbeit? – O mei! Wie Löwenzahn die alte Teerdecke, so brich Du die Hirnrinden auf! Wir bitten dich, erhöre uns – o Mai.

Näher mein Gott zu Dir

Den lauten Unmutsbekundungen aus der Bevölkerung nach zu schließen, wird das deutsche Volk unserer Tage von einer noch nie da gewesenen nationalen Katastrophe aus Verzicht und Entbehrungen heimgesucht. Millionen Deutsche und unschuldig ins Land Geratene schrammen zur Untätigkeit erstarrt an der Absturzkante zum Elend entlang wie die Film-Titanic am Eisberg. An Bord wimmelt es von Jammer-Darstellern. Am begehrtesten sind die Opferrollen. Jeder arbeitet eifrig an der Inszenierung des Absaufens und möchte groß ins Bild.

Konstruktiv noch nie aufgefallene Statisten wühlen oft zum ersten Mal einen eigenen Einfall aus ihrem Phantasie-Friedhof und werden zu wahren Visionären, wenn es um die Ausschmückung des Untergangs geht. Absolut überzeugend: Ein gelähmter Lamentierhaufen singt inbrünstig mit der Bordkapelle „Näher mein Gott zu Dir“ und erwartet das Ende. Herrschen in einer Nation Zustände, die den Bürger zu solch dramatischer Selbstdarstellung veranlassen, wird sich das zwangsläufig im Alltag der arg Gebeutelten und vor allem in der wirtschaftlich völlig desolaten Lage derjenigen widerspiegeln. Dazu einige wahllose Beobachtungen: Entkräftete Schüler schleifen ihren, vermutlich wegen Abmagerung, viel zu weiten Hosenboden regelmäßig vormittags zum dritten Frühstück in landesweit bestens frequentierte McFrust-Fast-Food-Kabuffs. Trotz Red Bull kann im schlotternden Beinkleid unter der

Gletscher-Prise

schwappenden Bauchdecke nur mehr „Null Bock“ vermutet werden.
Weite Teile der Bevölkerung kündigen jedes Eintreffen bei einem Mitmenschen zwei Minuten vorher mittels Handy über Satellit an. Über die Tabaksteuer unterstützen fürs Gemeinwohl aufgeschlossene deutsche Kettenraucher ungebrochen die Staatskasse. Das Verbrennen von Treibstoffen in Zweit- und Drittwagen im Individualverkehr zur Beförderung von Einzelpersonen erfreut sich auch auf extrem kurzen Strecken und bei reinen Vergnügungsfahrten steigender Beliebtheit. In Gebieten mit regelmäßiger Sperrmüllentsorgung zeugen halbjährlich hinaus geworfene Couchgarnituren davon, dass sich der deutsche Trendsetter ein gewisses Niveau nicht nehmen lässt. Studenten mit Aktienpaketen und Termingeldern im kurzfristigen Bereich bedienen sich BAföG-unschädlicher Anlagestrategien über Großeltern bis zu Verwandten dritten Grades. Die letzten Worte des ersten Geigers auf der Titanic waren angeblich: „Meine Herren – es war mir eine Ehre mit ihnen musiziert zu haben.“ Dann versank auch die Bordkapelle. Das möge uns erspart bleiben. „Näher mein Gott zu Dir.“

Das Thema Liebe im Dialog zweier siebenjähriger Saufratzn

Fratz 1:

Hast du scho was von Liebe ghört?

Fratz 2:

Geh, der Schmarrn is doch net wert,
dass ma drüber redt!
I bin gern alloi im Bett!

Fratz 1:

Oho! – Du bist scho aufgeklärt?!

Fratz 2:

Nix offiziell's – bloß wos ma hört
im Internet und af da Gassn,
af d' Eltern kann ma' sie da net verlassn.

Fratz 1:

Also intressierts di doch?

Fratz 2:

Na ja – es gibt ja noch und noch
Talkshows, die an Nachmittagen
die Deppen der Nation befragen,
wai sie ihre Zeit totschlagen
und nach da Werbung für des Bier vom Becks
hör i ständig was von Sex,
vo Trennung, Watschn, Geld und Hiebe
und da Moderator redt von Liebe.

Fratz 1:

Geh! Wos der Fernsehkaschper außergatzt!
Da war Deitschland schee verratzt,
wenn die Kanapee-Durchhocker
und die Sozialhilfe-Verzocker
im Fernseh'n über Liebe red'n,
als ob's as ganze Volk vertret'n.

Fratz 2:

Ja du, des is a so – ganz g'wiß!
Jetzt woißt wie weit, dass Deitschland is.
Jedenfalls: Ma hört halt immer
vo Mannsbilder und Frauenzimmer,
die ihre Liebschafts- und Abort-Affär'n
im Fernseh'n umananda plärr'n.
Also denkst da – Sappradi –
wos is denn des und schaust halt hi:
Des Thema wird da regelrecht
aufdrängt – wennst as aa net möchst.
Gredt wird viel und gmacht wird zweng,
drum siegst aa fast koa Kinderwäg'n –

und in da Politik is grad a so:
Der oi schreit hü, da ander ho.
Alle hockens af da Kutschn,
bringa aber nix ins rutschn.

Fratz 1:

Jaja, die Lage, wie mir alle wissen,
in Deitschland is stabil besch…eiden,
drum sollt ma aa des Thema meiden.
Zurück zur Liebe, lieber Freind,
denn du Bazi – wöi ma scheint –
woißt mehra als wöi'st außer ruckst,
Zeit wird's, dass d' wos außer spuckst!
Wöi geht denn des bei dir daham
mit da Mama und mitm Papa zamm?

Fratz 2:

Da Papa redt niat oft von Liebe,
d' Mama sagt, es san die Triebe
der männlichen Bequemlichkeit,
die langsam, ower mit da Zeit
vom Hirn bis zu de Haxen
die Ehemänner wachsen.

Fratz 1:

Genau desselbe wie bei mir:
Da Papa trinkt daham sei Bier
und legt si, wenn er nimmer kann,
aufs Sofa nauf, Gesäß voran.

Des Kanapee an derer Stelln
hat jetz scho a mordsdrum Delln.
D' Mama sagt: „Dei Kreiz wird schiefer!“
und „Früher warst du fei aktiver!“

Fratz 2:

Mei Mama sagt, sie is verliebt
und gfreit si, dass den Papa gibt.
Si kennt 'n vom Gymnasium,
also is er net so dumm,
wia d' Mama sagt, wenn er ganz laut
wieder mal wos zammahaut
oder wenn der d' Wand aufstemmt
und 's Klo im Keller überschwemmt.

Fratz 1:

Mei Mama hat an festen Will'n
und a ziemlich starke Brill'n.
Ohne die kommt s' niat zurecht,
einfach gsagt: Sie siehgt sauschlecht.
Sie sagt, sie is an Papa kumma
und hot 'n aa bloß desweg'n gnumma,
weil s' a so mis'rabel siehgt,
sonst hätt' da Papa koine kriegt.

Fratz 2:

Da Papa sagt, ma braucht a Frau,
zu wos, das woaß er net genau,
besser is 's auf jeden Fall,
die meisten Junggesell'n ham an Knall.

Fratz 1:

Oder sans die Ehemänner,
die eigentlich als Narrn rumrenna.
Bloß weil s' die mehran san, heißt des noch nicht,
dass sie normal san und ganz dicht.

Fratz 2:

Mei Papa sagt auf jeden Fall,
a Frau zu ham, des is normal,
ganz wurscht ob groß oder a kloine,
es derf net mehra sa wie oine,
denn mit da Zeit werns alt und schlimmer
und außerdem dazahlst as nimmer.

Fratz 1:

In erschter Linie brauchst a Frau,
dass sie dahoam in dein Verhau
a Ordnung eine bringt,
dass sie auf Kommando springt,
wenn a Wäsch zum waschen is,
dass sie des macht oder dies
und die Zeit niat ungenutzt
verstreichen lasst und alles putzt.
Guat mouß s' sei und niat zu schlau,
so was is a Powerfrau.

Fratz 2:

So ähnlich ungefähr
redt mei Papa aa daher,
wenn er mi mit zum Stammtisch nimmt
und dout a so, als ob des stimmt.

Dahoam is er in Wirklichkeit
ganz staad und dout die ganze Zeit,
wos d' Muatter auf 'n Zettel schreibt,
mit dem s' 'n an die Arbat treibt.

Fratz 1:

San die Männer unter sich,
nacha hörst oft solche Sprüch'.
Jeder sagt, er war der Herr im Haus,
in Wirklichkeit schaut's anderscht aus.
Die Liebe macht aus Männer Lappen,
die springa wöi beim Knackwurscht schnappen,
wöis d' Weiber woll'n, nach jedem Köder –
du, ich glaab, da Mann ist blöder.

Fratz 2:

Naa! Blöder, glaab i, is er net,
es is bloß, dass er anderscht geht
und funktioniert als wöi a Frau,
scho allöi am dumma Gschau,
af preißisch glaab i hoißts „borniert“,
siegst, dass er d' Weiber net kapiert.

Fratz 1:

Des is 's Problem seit alter Zeit:
Wer begreift scho d' Weiberleit!

Fratz 2:

I möcht' mi zwar net drauf versteifen,
doch im Moment kann i drauf pfeifen
und i will's goa niat begreifen!
Liebe is für mi a Krampf,
da Papa sagt: Geschlechterkampf
und i hob in da Schul zum kämpfen,
des tout die Lust auf Liebe dämpfen.

Fratz 1:

Da Papa – hob i ghört –
hats da Mama so erklärt:
Er hat gsagt, für ihn is klar,
die Liebe is wie ein Katarrh:
Zerscht laaft nix, dann tröpfelts bloß,
auf oimal is der Teifl los
und du moinst, as Hirn geht mit,
bis d' wieder ruhiger wirst im Schritt
und langsamer, dann kummt die Zeit
der ausgedehnten Trockenheit
und du schnaufst di wieder leichter –
mit der Zeit wird alles seichter.

Fratz 2:

Und du bist da schlau draus wor'n?

Fratz 1:

A wo, i hab bloß mit die Ohr'n
ghorcht außen an der Zimmertür
und genauso hat ers gsagt zu ihr.

Fratz 2:

Wenn er die Liebe mit Katarrh vergleicht,
kunnt des eberscht sa vielleicht,
dass Liebe eine Krankheit is?

Fratz 1:

Pfeilgrod, so is! – Mir wird ganz mies.
Mi leckst am Arsch! I brauch a Pris!
(Zieht die Schnupftabakdose und richtet eine Prise her)

Fratz 2:

Hast du vor, nicht krank zu wer'n,
halte dich von Liebe fern.

Fratz 1:

Wir schützen uns mit Schnupftabak
vor Stallfliegen und Weiberpack –
(lässt sich eine Prise geben)

Fratz 1 und 2:

doch die Liebe ist ein harter Brauch
und irgendwann erwischts uns auch!
(Beide schnupfen und verbeugen sich – Ende)

Mir wurscht

„Bin ich satt, hab' keinen Durscht, dann ist mir alles and're wurscht!" Mit ch von wurst zu wurscht aufgepumpt, klingt „mir wurscht" erst so richtig schön, wenn es aus einem kugelrunden deutschen Bierbauch heraus gegrunzt wird. Aromatischen Nachdruck verleiht dem „mir wurscht" eine im letzten Moment vom Darmwind zum Rülpser konvertierte Wurstsalat-Gasblase, die das oder die „wurscht" im doppelten Sinne nochmals aufleben lässt. Von ständiger Verdauung aufgedunsen gibt die um Fernsehsessel oder Stammtisch gewickelte deutsche Konsum-Python nur mehr über „mir wurscht – rülps" träge Lebenszeichen an die Umwelt ab. „Umwelt? – Mir wurscht. Politik? – Mir wurscht? Arbeit? – Mir wurscht." Wann wird eine voll gefressene Riesenschlange wieder umtriebig? Wenn sie Hunger bekommt und sie bleibt es, wenn sie sich mit kleineren Häppchen zufrieden geben muss. Von Saufmaschinen aufgeschwemmte deutsche Mallorca-Ballermann-Bierranzen tun beispielsweise alles, um im Ausland nicht den Eindruck entstehen zu lassen, die Deutschen litten an kleineren Häppchen. Dazu völlig unpassend stellen sich deutsche Realpolitiker ganz klar gegen den Wählerauftrag hin und sagen unverschämt laut, es gibt bloß mehr kleinere Häppchen. Angesichts der Tatsache, dass die Flammen schon aus dem Dachstuhl schlagen, können die Hausherren dem deutschen Biedermann, der so was nicht hören will, die Wahrheit nicht länger verschweigen und müssen ihm sagen, dass es brennt.

Und jetzt der Gipfel der Bodenlosigkeit: Er verlangt, dass die Hausbewohner löschen helfen und er streicht die warmen Fußbäder zugunsten des Löschwassers. Also da hört sich doch alles auf! „Dach brennt? – Mir wurscht. Bin beim Autowaschen! Läut' mal drüben!" Der „wurschtige" Haufen ist aufgebracht: Im lapidaren „mir wurscht" haben Ausreden und Fingerzeige den satten Rülpser ersetzt. „Die Python lebt!" Sie windet sich und muss erkennen: Die deutsche Wirtschaftswunderwurst ist mehr als aufgefressen. Trotz Wortverwandtschaft lässt sich ausreichend Wurst nicht mit „mir wurscht" erwirtschaften. Angelehnt ans Erzgebirge frage ich: Lebt denn der alte deutsche Michl noch? Oder gibt es bloß mehr „Wurschtmichl"? Nein, ich sage: Er lebt noch – stirbt nicht! Also Leute, es geht wieder mal um die Wurst und das kann uns nicht „wurscht" sein.

Wenn man nicht alles selber macht

„Wenn man nicht alles selber macht!“ Mit diesem augenzwinkernd mürrischen Stoiber-Zitat aus einem Nockherbergspiel begrüßte einst der bekannte Luisenburg-Intendant und Parodiestoiber Michael Lerchenberg seinen Doppelgänger und Ministerpräsidenten Edmund Stoiber auf der oberfränkischen Felsenbühne. Da kam der Stoiber doch tatsächlich höchstpersönlich in den von Gott, München, Berlin und Brüssel verlassenen bayerischen Osten, um die Festspiele zu eröffnen. Bayern-Ede machte es selber. Respekt! Was diese Schauspieler doch alles fertig bringen. Man unterschätze diesen Berufsstand also nicht. Man lasse sich auch nicht dazu hinreißen, Schauspielerei ins Licht des Ansehens zu rücken, das dem Broterwerb mittels gewerbsmäßiger Kopulation immer noch anhaftet. Schließlich ist es den Schauspielern irgendwie gelungen, mit Leuten der triebtechnischen Liebe auf Mietbasis nicht mehr in einem Atemzug genannt zu werden. Es gab Zeiten, da wurde zwischen Schauspielern und Dirnen nicht unterschieden. Das scheint überwunden zu sein. Heute bringt der Ruf des Schauspielers sogar Politiker in abgelegenste Gegenden. Kommen Sie mir jetzt bloß nicht damit, dass das eine Dirne auch könnte. Darauf will ich mit „Wenn man nicht alles selber macht“ gar nicht hinaus. Nein! Lerchenbergs durch die Zähne gequetschtes Stoiber-Zitat meint „Wenn man nicht alles selber macht ... und sich auf andere verlässt, dann geht's bergab.“ Mir ist dank

Lerchenberg-Stoiber noch eine darüber hinaus gehende Erkenntnis gekommen: Wenn's bergab geht, dann liegt es daran, weil wir nichts oder zu wenig selber machen.
Wir verlassen uns auf Andere, die es für uns richten sollen: Die Gemeinde, die Stadt, der XY-Verband, die Firma, der Verein, das Land, der Staat usw. Das Dumme ist nur, dass diese scheinbar Anderen, die es machen sollen, am Ende doch wieder wir selbst sind. Da schau her! Müssen wir wohl wieder mehr selber machen, um den imaginären Anderen – also uns selbst – neues Leben einzuhauchen? Ein bisschen von „Wenn man nicht alles selber macht!" könnte unserer Gesellschaft nicht schaden. Vielleicht im Sinne von: „Da mach ich's selbst, dann weiß ich woran's liegt." – So wie es der Schauspieler, die käufliche Dame, der Intendant weiß – und der Stoiber wird's vielleicht auch wissen.

Rächdschraiprevorn

„De doidsche Rächdschraipung muhs refurniert wärdn!" Ein markanter Satz der wegen allgemeiner Verwirrtheit noch zu gründenden Deutschen Gesellschaft zur Rettung Wort- und Schriftbrüchiger e. V. Zeitverzögert, weil auf dem Erzählweg informiert, sind jetzt sogar führende deutsche Analphabeten von der zentralen Bedeutung dieses Themas für den Fortbestand der deutschen Nation überzeugt. Die Hirn und Land lähmende Problematik der deutschen Rechtschreibreform droht, nach den revolutionären Diskussionswogen um so oberwichtige gesamtdeutsche Fragen wie zum Beispiel „Färbt ein Kanzler sich die Haare oder nicht?" oder „Wer zeugt in welcher Besenkammer was mit welchem Feger?", Deutschland erneut in eine Krise nicht gekannten Ausmaßes zu stürzen. Führende Zeitungen des Landes kehren unter großartiger Ankündigung zu Schreibweisen von 1903 zurück. Die Frage „ß oder ss?" erschüttert das deutsche Staatsgefüge in seinen Grundfesten. Das „Volk der Dichter und Denker" mit einem viermal verhartzten Heer von Arbeitslosen kreist desorientiert wie ein gackernder Hühnerhaufen um „Bettuch" oder „Betttuch". Die zum „Volk der Talker und Fasler" verkommenen Deutschen haben wieder mal ein riesig aufgeblasenes Banalproblem und Stoff zum Talken und Faseln. Vermutlich wird deshalb die Nationalversammlung von 1848 nochmals in der Frankfurter Paulskirche zusammentreten.
So ein existentieller deutscher Vorgang rechtfertigt aber auch eine Volksabstimmung. Vom Greis bis zum

Säugling sollte jeder gefragt werden, ob er beispielsweise „Stengel“ oder „Stängel“ schreiben möchte. Ach was sag ich. Das Volk muss zu jeder einzelnen Änderung befragt werden! Das dauert zwar Jahre und kostet Millionen, beweist aber eine gründliche Umsetzung der Demokratie bei so fundamentalen Entscheidungen über die Zukunft eines Volkes wie bei „im voraus“ oder „im Voraus“. Schon anhand einer Handvoll eigener Buchstaben demonstrieren wir dem amüsierten Ausland und uns selbst die deutsche Zerredungskunst und Handlungsunfähigkeit. Sollten wir in Deutschland neben der Rechtschreibreform auch noch andere Probleme haben, bei denen nicht die Zeit bleibt, sie als Hühnerhaufen anzugehen, dann sollten wir schneller und entschiedener werden. Angeblich eine Eigenschaft der alten „Teutschen“. Gelingt uns das nicht, dann „Gude Nachd Doidschlant“.

EU-Ostverkleisterung

Ach was war das für ein schöner Zaun – der Eiserne Vorhang. Bei uns war so schön der Hund verreckt. Totenstille durch Todesstreifen außer bei Todesschüssen, in Himbeersträuchern endende Teerfleckerlteppich-Straßen und zugewachsene Eidechsen-Brennnessel-Bahndämme. „Flora-Fauna-Minenfeld, stille, heile Grenzlandwelt." Wir beklagten das fehlende Hinterland und den Hintern der Welt, wo wir wohnten. Wir fürchteten uns vor den Russen. Ich zum Beispiel habe mindestens 25 Jahre meines Lebens – wie mir anerzogen – unter anderem damit verbracht, Angst davor zu haben, dass der Russe kommt. Gekommen ist er nicht. Karl Valentin hätte gesagt: „Dem wird doch nichts passiert sein!?" Also gut, ich gebe zu – ganz ausgeblieben ist er nicht. Später trafen ein paar Aussiedler ein, aber friedlich und nicht als Rotarmisten, wie ich sie in meiner nicht anhaltenden Jugend befürchtete. Wenn einer ausbleibt und überfällig ist, dann geht man ihm entgegen. So etwas ähnliches macht in unseren Tagen die alte Europäische Union. Sie geht in Richtung Osten, indem sie nicht geht, sondern sich einfach erweitert. Erweiterung wohl deshalb, weil die Wirtschaft, die Tanktouristen, die Nikotinwallfahrer, die Brot-, Brillen-, Gebissaufkäufer usw. und die Sucher sonstiger Freuden ohnehin schon dort sind. Höchste Zeit, dass die Grenze nachkommt und jetzt nimmt man uns unsere gute alte, verschlafene Lamentier-Grenze weg und verschiebt sie einfach nach Osten. Wie? Und wir sollen jetzt plötzlich nicht

mehr am A...bgekehrtesten Teil der Welt, sondern in der Mitte Europas sein?
Wir, die ehemaligen Hinter(e)n, bekommen Hinterland? Wenn das mal nicht vom Hintern in die Hose geht. Die neuen Osthinter'n ersetzen die alten Hinter'n und alten wie neuen Hinter'n geht der Hintern auf Grundeis. Wir, die alten Hinter'n, fürchten uns wie zu Zeiten des Prager Frühlings, mit dem die heutige Situation doch gottlob nur den Frühling gemein hat. Ansonsten geht's friedlich zu. Herrlich! Hätte ich mit meiner Ostbedrohungskindheit nie für möglich gehalten. Meine 25-jährigen russischen Befürchtungen haben sich also nicht bewahrheitet. Mist – passiert mir nicht noch mal! Mit vor Angst voller Hose in der Bewegung eingeschränkt wird aus dem historischen 1. Mai bestenfalls eine EU-Verkleisterung – mit Mut uns zu weiten, eine Erweiterung. Hüben wie drüben, unseren Nachbarn und uns: Alles Gute! Všechno nejlepši!

Grenzidylle

Im bayerischen nahen Osten
stehen ein paar Straßenpfosten,
Streukisten und alte Hütten,
Überreste der Hussiten,
der Schweden und Franzosen,
Güllegruben, Kletterrosen
und ein paar Buden aus Zement,
kurz: Bayern, wo es keiner kennt
und das „Die Oberpfalz" sich nennt,
auf dass die abgeleg'ne Stätte
zumindest einen Namen hätte.

Anfahrtsbeschreibung der Oberpfalz

Einige, die kamen, dachten,
als sie sich auf die Reise machten:
Oberpfalz? Noch nie gehört.
Ob man da per Schiff hinfährt?
Wo dieses Land wohl liegen mag?
Heißt die Hauptstadt dort nicht Prag?
Was haust dort für ein Menschenschlag?
Wird dort nur gebrochen
oder gar nicht deutsch gesprochen?
Sind da nicht Minen im Gelände?
Fragen ohne Ende – ohne Zahl,
doch sie liegt noch vorm Ural,
Schusswesten- und Visapflicht
gelten trotz Vermutung nicht
und mit der Weitsicht uns'rer Schritte
wird die Oberpfalz Europas Mitte!

Der Landrat

Damit aus ihm was wird,
hat der Mann studiert
und dabei weiß doch jedes Kind,
dass auch Dümm're Landrat sind.

Der Abgeordnete

Er ist in München unser Mann,
weil man ihn hier entbehren kann.

Parteikarriere

Mit 17 zur JU
und lernt man nichts dazu,
geht man zur CSU.

Die Landeshauptstadt

Vollgefressen rülpst zufrieden
der Moloch in Bayerns Süden.
München platzt aus allen Nähten,
die Oberpfalz bekommt die Gräten.

Wahlkrampf

Hatten Sie schon einmal einen Wahlkrampf? Wadenkrampf, Magenkrampf, Schreikrampf – alles, aber Wahlkrampf? Noch nie? Dann wird es Zeit, dass es Ihnen so ergeht, wie einem Bekannten von mir. Der verriet mir dieser Tage, warum in seiner Heimatgemeinde eine bekannte politische Vereinigung schon seit er denken kann bloß mehr an der 100-Prozent-Hürde scheitert: In seinem Wahlbezirk ist, seit er zur Wahl geht, der Stift in der Wahlkabine so kurz angebunden, dass er nur bis zur obersten Partei ... e. V. (= einzutragender Verein) reicht. Das hat einen furchtbaren Krampf hervorgerufen, der bis heute anhält. Aber er vereinfacht die Wahl ungemein. Sie werden jetzt sagen: So ein alter Krampf! In der Tat – der Krampf ist alt, aber er hält sich. Fragen Sie meinen Bekannten. Der macht den Krampf bereits Jahrzehnte mit. Offen gestanden – so ein Wahlkrampf hat seine Vorteile. Da halte ich es mit den Politikern: Ich bin für jeden Krampf dankbar, der die Wahl krampfhaft einfach macht. Gerne lasse ich, von Wahlkrämpfen geschüttelt, die auf Stimmviehniveau reduzierten Politikerschlagworte im Geiste an mir vorüberschwirren: „Würgeversicherung, Kropfpauschale, Spritzensteuersatz, Mehrpferdsteuererhöhung, Harzbier, Arbeitshosengeld, Pennerpauschale, Kirchhofgestell, Rentnerverkürzung, Türkeiaufschnitt, Ampelkollision, Schmerztandem, scheuerfreie Nacktarbeit“ usw.

Noch authentischer hämmern mir die auf den niedrigen Instinkt zielenden Wahlkrampf-Schlachtrufe in den Schläfen bis zum verkrampften Steißbein hinunter: „Sozial ist, wenn ein And're schafft!", „Versauen Sie Deutschland", „Es ist genug von nichts mehr da", „Wann platzt der Wechsel?", „Arbeit rauf und Steuern drüber", „Noch ein Ruck und Deutschland steht!", „Wollen Sie von einer Ostdeutschen rasiert werden?" et cetera blabla. Der schwarz-rot-rot-grün-gelbe Allerweltsvokabelbrei steigert den Wahlkrampf ins Unerträgliche und lässt die Silbe „krampf" wie einen Atompilz über der zum unbedeutenden Anhängsel gewordenen Silbe „Wahl-" aufsteigen. Die Druck- und Sogwelle betäubt das arme Wählerlein mit umherfliegenden Worthülsen, dass ihm Hören und Sehen vergeht. Das kann bis zur Wahlunfähigkeit führen. Wenn Sie mich fragen, ich wähle und zwar Siemens und VW. Da weiß man wenigstens vorher, welcher Misthaufen über einen hereinbricht. Die haben wirklich was zu sagen und brauchen kein volkstümliches Wahlkrampfgeschwafel. Wenn die von Arbeitsplatzabbau sprechen, dann kann man sich darauf verlassen, dass das auch gemacht wird. Nix Wahlbetrug! Die haben keinen Wahlkrampf nötig und sagen uns ohne Krampf, welche globalen Sturmböen uns noch den deutschen Rotz aus Nase und Hirn blasen werden. Vielleicht finde ich welche von dieser Sorte auf dem Stimmzettel. Deshalb gehe ich zur Wahl – sonst wird aus Wahlkrampf auch noch eine Krampfwahl.

„Mänädscha“

schreibt so kein Mensch - höchstens der, der sich in der deutschen Rechtschreibung überhaupt nicht auskennt oder jemand, dem die Schreibweise „Mänädscha“ statt Manager treffender erscheint. Das Wort „Mänädscha“ sieht genauso schwammig (der Oberpfälzer sagt: lädschert) aus wie manch einer, der sich so bezeichnet, seinen Job erledigt. Früher hatten nur Gaukler, Luftnummer-Artisten, Schauspieler, Trickzauberer, Verwandlungskünstler, Feuerspucker, Jongleure, Drahtseiltänzer und vergleichbares unstetes Bühnen- oder Manegenvolk Manager. Heute greifen viele Wirtschaftsunternehmen statt dem klassischen „Alten“ auf solche Leute zurück. Der klassische „Alte“ hieß so wie sein Laden und kannte denselben wie kein Zweiter. Er betrieb sein Geschäft lebenslang und von der Pike auf, war obersparsam, immer da, nie beim Golf und nicht über Nacht bei der Konkurrenz. Er hatte feste Grundsätze, wie zum Beispiel Kaufmannsehre, Treu und Glauben, Wort halten und Pflege gewachsener Geschäftsbeziehungen. Kurz: Ein zuverlässiger Knabe von echtem Schrot und Korn – gegenwärtig leider Gottes dabei auszusterben. Ersatzweise für den Kopf und Kragen hinhaltenden „Alten“ kommt häufig durch den Seiteneinstieg der im Glanz der Universalgelehrtheit auftretende Diplom-Dingsbums-Manager. Mit etwas Pech ist es ein taufrischer BWL-Obertheoretiker mit achtmonatiger Erfahrung als Chefeinkäufer einer 13 Auftaugerichte führenden Fast-Food-Kette. Seine Haftung ist, wie seine Entscheidungen, oft beschränkt.

Forsches Auftreten, Forever-Young-Ibiza-Bräune, eloquentes Vielgefasel, Designer-Klamotten und ein knackiges Duftwässerchen lassen das in den Hintergrund treten. Die Belegschaft schreibt Aufstellungen, Berichte und erklärt in zahllosen Besprechungen dem neuen Boss wie sein Laden funktioniert. Parallel dazu nervt der Kunde mit Aufträgen und wird zwangsläufig zur Nebensache. Der ausrangierte „Alte“ ist megaout und trägt seinen jahrzehntelang erworbenen Erfahrungsschatz mit sich spazieren oder ins Kaffeehaus. Gewiß braucht's zur rechten Zeit jungen Schwung, doch ein Quentchen Know-how vom „Alten“ könnte schon mal dagewesene Fehler verhindern helfen. Dem zeitgemäßen Manager täte es gut, eher selber zum „Alten“ zu werden, als ein von einem Untergang zum nächsten hüpfender seichter Mänädscha. Mänädscha, ein blödes Wort, auf das ich mir keinen Reim machen kann. Auf den „Alten“ dagegen schon: „Mit dem Alten kann man das Neue erhalten.“

Konfusionen

Fusionen sind Verschmelzungen. Klassischer Fall: Zwei Trümmer werden zu einem Trumm. Fusion kommt wie alles Unverständliche aus dem Lateinischen. „Fusio" heißt der Guss. Man darf also den Fusionsgießern unterstellen, etwas „aus einem Guss" vorzuhaben. Im Zentrum der Fusion stehen die Begossenen. Sehr vereinfacht gesagt, entsteht aus zwei Begossenen immer ein Gegossener. Soweit ich von meinen früheren Schweißversuchen noch weiß, fällt beim Verschweißen, wo ja auch etwas verschmolzen wird, Schlacke an. Schlacken sind nutzlose Rückstände aus der Verschmelzung, die abgeklopft und weggeschmissen werden. Je nach Hinterkünftigkeit der Fusionskocher kann, anders als beim Schweißen, der Anteil der unbrauchbaren Schlacke beliebig nach oben ausgekocht werden, das heißt die Anzahl der Überflüssigen ist programmierbar. Ein richtig ausgekochter Fusionist muss die Kunst der gewinnträchtigen Entschlackung auf Kosten Dritter beherrschen und er muss Haufen hinterlassen: Schlackenhaufen, Scherbenhaufen, Geldhaufen usw. Vor allem wegen der Geldhaufen kommt es haufenweise zu Fusionen. Zur besseren Unverständlichkeit ein rein aus der Luft gegriffenes fusionales Beispiel: Angenommen, die Deutsche Bank geht eine Verschmelzung (Fusion) mit einer Allgäuer Schmelzkäsefabrik ein, dann würde als erstes die Käseproduktion im Allgäu abgeschmolzen und nach China verlagert. Die Folge: Schlackenhaufen im Allgäu (Käse, Kühe, Arbeiter, Schachteln etc.).

Die Fabrik und Hoffnungen fallen auseinander: Scherbenhaufen. Nachdem aller guten Dinge drei sind, greift spätestens jetzt die gute alte Fusionsformel: Schlackenhaufen + Scherbenhaufen = Geldhaufen. So nehmen Fusionen also ein gutes Ende – vorausgesetzt man sitzt am richtigen Haufen. Im Dickicht der Fusionen riechen geübte Nasen den richtigen Haufen, aber fast niemand mehr, zu wem er gehört. Gemäß dem Satz „Pecunia non olet" („Geld stinkt nicht") kann jedes Stinktier seinen Mastdarm in die Börsensuppe hinein entleeren, ohne das „Ross und Reiter" aus der Brühe heraus zu schmecken sind. Die Frage „Wem gehört der Laden?" ist nicht mehr zu beantworten und endlich ist keiner mehr verantwortlich. Ist doch prima oder? Das ist Ihnen alles zu konfus?

Ja was denken Sie denn, warum die Fusionen Fusionen heißen? Doch nicht wegen „Fusio" und „aus einem Guss". Hahaha! – Und die Moral (sofern man davon sprechen kann): Das Beste an Fusionen, das sind die Konfusionen.

Anzugserleichterung

Der Sommer sorgt mit einer beispiellosen Unverfrorenheit immer öfter auch außerhalb seiner kalendarischen Grenzen für Erhitzung und versommert nicht sommerliche Jahreszeiten. Mit außerordentlichen Hitzschlägen schlägt er teils verfrüht, teils verspätet zu. Gibt's diese Klimaerwärmung etwa doch? Man hört seit gut 30 Jahren immer wieder mal davon, aber glauben? Im Übrigen kann der Einzelne sowieso nichts dafür, sondern nur alle und eigentlich bloß die Anderen. Soviel zur eigenen Beruhigung. Sommerlicher Hitze begegnet der europäische Mensch mit Reduzierung der Bekleidung. Der in Verordnungen lebende und denkende Deutsche hat dafür das Wort „Anzugserleichterung" geschaffen, das heißt in behördlich strukturierten Organisationen (Extrembeispiel: Militär) wird genau vorgeschrieben, was wann weggelassen bzw. hochgekrempelt werden darf. Als besonders amüsant ist mir der Begriff „militärischer Sommer" in Erinnerung geblieben. Der wurde nämlich befohlen. Ab einem gewissen Stichtag, meistens der erste oder der 15. des Monats, durfte der Soldat durch „Anzugserleichterung" signalisieren, dass in der Armee jetzt Sommer ist. Befehlwidriges Verhalten der Jahreszeiten konnte da für sehr lustige Bilder sorgen, zum Beispiel dreimal handbreit hochgeschlagene Hemdsärmel bei Graupelschauer nahe null Grad Celsius oder Handschuhe und Wintermantel bei saharasandführenden heißen Fallwinden, die, weil militärisch nicht vorgesehen, weisungsgemäß ignoriert wurden. Der Zivilist hingegen geht da mit „Anzugserleichterung“ viel leichtfertiger um.

So wie die Temperatur es erlaubt, tritt der bodygestylte Mann mit Muskelshirt und gesäßbetonenden Shorts ins Rampen- bzw. Sonnenlicht. Gewisse Parallelen zur Tierwelt (Pavian von hinten, Gockel auf dem Mist und die Balz des Auerhahns) brechen sich im umgekehrten Verhältnis zum Intelligenzquotienten die Bahn. Auch weiblicherseits wird die sommerbedingte „Anzugserleichterung“ je nach Beschaffenheit der Außenfassade werbewirksam eingesetzt. Allerdings wirken zur Schau getragene Reize auf jeden (natürlichen) Mann. Verursachen nun niedere Instinkte beim Mann entsprechendes Blickverhalten, wird das seitens der Betroffenen nicht selten mit strafendem Augapfelrollen quittiert, so ungefähr wie: „Was fällt dir ein, genau dorthin zu schau'n, wo ich es haben wollte!" Und: „Es soll'n zwar alle herschau'n, aber du doch nicht!" Logische Konsequenz für den Mann wäre nun Nichtbeachten. Bringt er nicht zustande, weil die Frau alles tut, damit ihm dies nicht gelingt. Spätestens hier beißt sich die Katze in den Schwanz: In sich widersinnig. Aber vermutlich verwehrt mir jetzt meine männliche Befangenheit den Zugang zur Objektivität. „Anzugserleichterung" wird uns trotz zwischengeschlechtlicher Meinungsverschiedenheiten über zunehmend heiße Tage hinweghelfen. Möge sie ausreichen, um mit der Wärme fertig zu werden. Gleich welche Einblicke der Sommer Ihnen auch gewährt: Keep cool man!

Die Ruhebank

Der Mann auf seine alten Tage
braucht eine feste Unterlage,
die, im Gegensatz zum Weibe,
stets verfügbar ihm als Bleibe,
ob waagrecht, senkrecht, nüchtern, voll
ganz ohne Anspruch dienen soll.

Der Verleger

Wer im Leben sonst nichts hat
außer einem Zeitungsblatt
und es schafft, nicht aufzugeben,
samt dem Blatt zu überleben
und trotz lauernder Gestalten
seinen Laden zu behalten,
indem er frei und ungeschluckt
noch sein eig'nes Blättchen druckt,
der ist und bleibt – sofern integer –
wenn er's aushält, ein Verleger.

Ja wo is er denn?

„Ja wo is er denn? – Ei wo is er denn? – dududu!“ Diese Frage, gepaart mit einem Kitzeln am Hals der Befragten, wurde früher von Eltern zur Kontaktaufnahme mit ihren Kindern eingesetzt. Andere nervige Erwachsene taten es den Eltern gleich und fügten der inhaltlich wertlosen Frage gleich noch die schwachsinnige Antwort hinzu: „Ja da is er ja! – dududu!“ Die Angesprochenen waren, an der Gurgel gekrault, in der Regel einer Antwort nicht fähig, weil sie entweder lachen mussten oder noch gar nicht sprechen konnten. Trotzdem fand diese überflüssige zwischenmenschliche Konversation, „Auge in Auge, Zahn in Zahn“ (Zitat frei nach Ganghofer), egal, ob Zähne schon oder noch vorhanden, statt. Nach heutigen Gepflogenheiten ein völlig sinnloses Ritual. Reine Zeitverschwendung! Wofür denn? Damit so etwas nicht mehr vorkommt, wird für eine nonverbale Überwachung der menschlichen Aufzucht mit Entfernung der Nabelschnur ein elektronischer Babywächter ans Baby montiert. Dank dieser Errungenschaft unterbleiben lästige Körperkontakte und so blödsinnige Fragen wie „Ja wo is er denn?“. Mit dem „Babywatch“, bei dem noch freimütig von Überwachung gesprochen wird, weiß man immer „wo er is“ und das drahtlos. So fängt's an. Dann kommt die Drogerie-Ketten-Kundenkarte. Bezahlung bargeldlos und Lockmittel 20 Prozent Rabatt auf alles. Im Hintergrund werden die erworbenen Artikel abgespeichert. Der Windelverbrauch lässt Rückschlüsse auf die Darmaktivität des Kindes zu. Die Daten über Auffällikeiten werden den Krankenversicherungen verkauft. Stellt der Hosenscheißer mit 20 einen Antrag auf Krankenversicherung, dann „nehmen wir den Darm heraus". Die nächste elektronische Fußfessel: das Girokonto. Eine wie der Schimmelpilz allgegenwärtige Geldverleiher-Connection arbeitet daran, Müttern mit Erreichen der 38. Schwangerschaftswoche die Eröffnung eines Girokontos für das Ungeborene bindend vorzuschreiben. Taschengeld- und andere Transaktionen können ohne „Ja wo is er denn?" und familiärem Wortgeplänkel diskret über das Kreditinstitut abgewickelt werden. Mit den Wehen einsetzende Kontoaufzeichnungen werden archiviert. Findige Finanzbeamte übernehmen gerne die Daten, um frühkindliche Täterprofile in Auftrag zu geben. Erste Gehversuche des Kindes belohnen die Eltern mit einem Handy. Der Babywächter kann im eBay registriert verklopft werden. Als Mobiltelefon getarnt ist der menschliche Bordcomputer bereits auf dem Weg in die Position des Herzschrittmachers. Blutdruck, Schweißproduktion, Mageninhalt usw. sind dann über Satellit jederzeit einsehbar. Kurz: Man weiß „wo er is" und endlich wird sie für uns alle bloß mehr so wie bei einem kleinen Kindlein sein, die Frage: „Ja wo is er denn?"

Türschild eines erfolglosen Narkosearztes

Hereinspaziert, hier sind Sie richtig,
wie's rausgeht ist nicht wichtig.

Psychiater im Irrenhaus

Es soll Ärzte für Verrückte geben,
die in der Anstalt überleben
und die bei allem, was sie treiben,
es schaffen, bei Verstand zu bleiben.

In Sachen Schussligkeit und Psychiatrie
ist der Psychiater ein Genie
und in den Mauern seines Wahnsinnsbaus
lebt er den Hang zum Wahnsinn aus,
denn er spürt als Mann vom Fach
Verrückten und dem Schwachsinn nach.

Der Zahnarzt

Es gibt Leute, die am Leben bleiben,
obwohl sie ein Geschäft betreiben,
bei dem sie sich auf Menschen schmeißen,
denen sie das Maul aufreißen
und aufgestützt auf deren Ohren
senkrecht in den Kiefer bohren,
diverses Zeug ins Mundwerk schmier'n
und mit Nadeln 'rumhantier'n,
bevor sie dann mit Eisenzangen
den Gaumen unterfangen
und natürlich gegen Kohlen
Zähne aus dem Kiefer holen,
denn das bringt die meisten Piepen –
„Zahnarzt" nennt man diese Typen.

Trotz ihrem Tun sind, ohne Buße,
die meisten noch auf freiem Fuße
und entgeh'n den Racheakten
derer, die zusammensackten
und derer, die im hohen Bogen
angebohrt vom Sessel flogen.

Anschläge auf Leib und Leben
misslungener Durchbohrung wegen,
scheitern an den Schmerzzuständen,
in denen die Patienten enden
und überwiegend – was man hört –
bleibt der Zahnarzt unversehrt.

Forever g'sund

Also: Von „forever" wird wohl jeder wissen, was das heißt. Lernt man doch schon im ersten Big Mac-Kulturslang-Crashkurs im Kindergarten! Bei „g'sund" bin ich mir nicht so sicher. Daher: „G'sund" ist eine bayerische Dialektform von gesund. „Forever g'sund" oder „ewige Gesundheit" ist die neu entdeckte Zauberformel zur Sanierung unseres maroden Gesundheitssystems. Nachdem in die Jahre gekommene Fitness-Päpste wegen verdrängter und deshalb unverhofft auftretender Alterserscheinungen eingestehen mussten, dass „forever young" doch nicht geht, ist die „ewige Gesundheit" nach Möglichkeit über den Tod hinaus zur neuen Volksreligion geworden. Liebe Mitbürgerinnen und Mitbürger, in Anbetracht der prekären finanziellen Lage unserer zahlreichen Krankenkassen schließe ich mich daher dem Ruf der Zeit an, indem ich Sie auffordere: Bleiben sie gesund! Wenn sich jeder daran halten würde, wäre unser Gesundheitswesen bald alle Sorgen los, wenn nicht sogar in seiner Existenz bedroht, weil überflüssig. Ein paar nachempfundene Tipps aus der einschlägigen Gesundheitsapostelszene können uns helfen, „forever g'sund" zu erreichen: 1. Meiden Sie alles was das Leben angenehm oder abwechslungsreich zu machen droht, zum Beispiel: Blut- und Leberwürste, saure Drops, Rotlichtkneipen, Schweinefett, heiße Fußbäder, Freiwilligeneinsätze in Krisengebieten, Erdnussflips, Schnapsorgien, Drachenfliegen, enge Strumpfhosen, Rumkugeln, Nikotin (auch unverzollt) und Vorsicht: Auch „Gesundheits!"-kuchen.

2. Steigern Sie durch ganzjähriges Lauftraining im Gebetsstundenrhythmus ohne Rücksicht auf Schneeverwehungen und Hochwasser Ihre Kondition, bis Sie in der Lage sind, kleine bis mittlere Kontinentalreisen zu Fuß zu bewältigen. 3. Nehmen Sie nur linksgewickelten Schmalspurjoghurt, Vollkornbrot maximal in Löschpapierstärke und von der Sportindustrie zugelassene, extra wässrige High-Energy-Mineraldrinks zu sich. Liebe Mitbürgerinnen und Mitbürger, diese leicht zu befolgenden Ratschläge garantieren Ihnen „forever g'sund" – außer das Schicksal, das wir bis jetzt noch nicht im Griff haben, will es anders. „Wie es dir aufgesetzt ist" nennt's der Boanlkramer in der schönen bayerischen G'schicht' vom „Brandner Kaspar und das ewig' Leben". Demzufolge gibt es also tatsächlich noch etwas im Leben, wofür wir selbst nichts können – das Schicksal. Seit Adams legendärem Apfelfraß im Paradies gehört beispielsweise die Krankheit irgendwie zu uns. Trotz aller „forever g'sund"-Verrenkungen. „Ewige Gesundheit" statt „Ewiges Leben"? Ich weiß es auch nicht. „Wie es uns aufgesetzt ist."

Herbstnebel

Das schönste am Herbst ist der Nebel.
Vor allem für die Sehgeschwächten. Nebel verhindert den Weitblick und gibt Kurzsichtigen das Gefühl, Weitsicht zu haben. Endlich sieht der Kurzsichtige auch mal was – nämlich nichts. Vor lauter Freud' darüber, dass er so weit schau'n kann und nichts sieht, rennt er ungebremst in die Nebelwand hinein. Da verlässt sich der Kurzsichtige gern auf jedes jämmerliche Nebelhörnchen und jeden Nebelarmleuchter, der ihm signalisiert: „Weiter so! Kein Grund, etwas zu ändern. Immer feste druff!" Genauso eiert der deutsche Staatskarrn mit seiner Spaßgesellschaft in die Zukunft hinein. Wie in einem abgehalfterten Mallorca-Party-Bus hofft ein Großteil der Insassen, dass die Kiste noch möglichst lange ohne eigene Anstrengungen weiterzockelt. Schließlich ist man hier, um Spaß zu haben. Was schert einen da, dass der Kühler kocht oder die Radmuttern davonfliegen. Da wird sich schon jemand drum kümmern. Wofür sind denn die Anderen da? Kein Grund zur Beunruhigung. Gott sei Dank finden sich immer wieder ein paar alte, tiefrote Nebelkerzen, die den Insassen prächtig den Blick und das Gehirn verräuchern, um sie mit kurzsichtigen Nebelparolen bei Laune zu halten. Vernebelte Wanderprediger und extreme Wunderheiler lullen das Spaßvolk mit nebulösen Versprechungen ein wie das Christkind in der Watteschachtel. Gern saugen labile Zeitgenossen das „Heile, heile Gänschen-Geraspel" in sich auf. Opium-

gleich berauschen sie sich an der märchenhaften Vorstellung, dass alles so bleibt wie's ist. Reformen? Nein danke! Keinem darf etwas abverlangt werden. Niemandem wird auch nur ein Härchen ausgerissen. Jeder aufgeschwemmte Sangria-Wanst muss vom Väterchen Staat schön gepinselt werden. Wunderbar! Das will das Stimmvieh hören. Das geht runter wie warme Streichwurst. Gepriesen und gewählt sei, wer das verkündet! Aus welcher linksgewickelten Nebelmaschine dieses Gesülze auch kommt – Hauptsache schön ist es! Wie das funktionieren soll, ist schnurzepiepe. Jedenfalls hört es sich gut an und das reicht dem vernebelten Wähler vollkommen aus. Das „wie" bleibt im Nebel. Für mehr war es auch nicht gedacht. Abziehender Dunst hätte nur einen kläglich-provisorischen Misthaufen freigelegt. Zum Glück gibt's für solche Haufen blickdichte Dunstglocken und zur Förderung der Kurzsichtigkeit den Herbstnebel.

Regensburger Impressionen

Saubere Donau

Regensburg hat einen Fluss,
der da durchfließt, weil er muss.
Das ist die Donau, wie wir wissen,
und die fühlt sich oft beschissen.

In Zeiten schlechter Wasserqualität
war'n die Schwimmer dünn gesät,
denn da fraß die Donau große
Löcher in die Badehose.

Regensburg macht sich jetzt Mühe
um eine klare Donau-Brühe
und erkämpft den Fluss entlang
den Bürgern einen Flusszugang,
damit im Wasser, das mal tödlich war,
ohne größere Gefahr
und aufgestauter Exkremente
geschwommen werden könnte.

Donauhochwasserrückgang

In Regensburg dank Wasserstand
gibt es wieder festes Land.
Das Volk hat mangels Wassermassen
das erste Stockwerk schon verlassen
und nähert sich im Umkehrschluss
nun seinerseits dem Donaufluss,
wie das zuvor die Donau tat
als sie übers Ufer trat.

Getrost darf man hier nahe legen,
dass Fluss und Bürger sich sehr mögen,
denn ob spät, ob morgens zeitig,
man besucht sich gegenseitig.

Da geht der Fluss aus sich heraus
und kommt zum Bürger auch nach Haus‘,
wobei's der Bürger lieber sieht,
wenn der Fluss sich nicht zu ihm bemüht.

Die Steinerne Brücke

Die Steinerne Brücke
verliert ganz kleine Stücke
und bröselt wie Gebäck
aus Blätterteig hinweg
und wird wohl bald ganz aufgerieben
als Treibsand hinter Ungarn liegen.

Schuld ist der, der diese Brücke machte,
weil er nicht ans Streusalz dachte.
Der hätte schließlich wissen müssen:
Hier wird mal mit Salz geschmissen.

Ist ein Bauwerk alt und hart,
dann streut der Mensch der Gegenwart
zur Verringerung der Lebensdauer
Streusalz, und das schafft die Mauer.

Die Fähre Prüfening

Es fährt die Fähre „Prüfening“,
die bisher noch nicht unterging.
Für Schwimmer ist's empfehlenswert,
dass man mit dieser Fähre fährt.

Le'm und ster'm loua

Liest sich hart und ist auch eine harte Angelegenheit. Das Le'm vielleicht weniger, aber das Ster'm. Zumindest schaut's von außen oft so aus, wenn einer seinen letzten „Zaglerer" (= Zuckerer) macht. Für alle im oberpfälzischen Dialekt bereits Dahingeschiedenen schreib ich's nochmals auf hochdeutsch her: „Leben und sterben lassen". So! Jetzt wird es der Letzte gefressen haben, dass es sich hier um ein todernstes Thema handelt. Dass mir keiner lacht! Einen leben lassen und einen sterben lassen – wer kann das überhaupt? Der sterbliche Mensch kann zum Beispiel „einen sitzen lassen", „einen stehen lassen", „einen gehen lassen", „einen ziehen lassen" oder „einen fahren lassen" usw. (Wobei die letzten zwei Beispiele umgangssprachlich auch für todsichere Lebenszeichen eines noch verdauenden Organismus verwendet werden.) Der Mensch kann also über „Wasser lassen" und „bleiben lassen" hinaus noch sehr viel anderes „lassen". Aber leben und sterben lassen kann doch nur der große Chef, der Herr über Leben und Tod, oder? In jahrelangem römisch-katholischen Religionsunterricht und als Ministrant mühsam zurecht gebastelt, ist dieser schöne Glaube in mir zusammengekracht. Auch der Mensch kann sterben lassen! Erschütternde Fußmärsche von und zu Wirtshäusern in Innenstädten förderten diese Erkenntnis in mir zutage. Immer wieder passiere ich seelenlose Häuserleichen, die der Mensch sterben ließ. Ich fühle mich auf einigen Metern wie der Nachtwächter einer abgehalfterten Filmkulisse.

Von ausgestorbenen Schaufenstern bis hinunter zu aufgelassenen Hundshütten strahlt ein kräftiges „Hier-ist-der-Hund-verreckt-feeling“ aus. Es liegt also in der Macht des Menschen, etwas sterben und dann sogar noch den Hund verrecken zu lassen? Ja! Hier einige Tipps, wie man als Ortsansässiger aktive Sterbehilfe vor Ort leisten kann: Kopfsalat nicht beim heimischen Gemüsehändler kaufen, sondern für einen Euro aus zweiter Hand im eBay steigern. Wurst und Fleisch nicht vom Metzger ums Eck nehmen, sondern lieber mit Schlachtabfällen aufgepumpten Pressack im Discount zu 29 Cent das Kilogramm. Brot nur gefriergeschockt in 25-kg-Vakuumtüten von Container-Lastzügen einer Amsterdamer Tiefkühlkost-Kette frei Haus liefern lassen. Für geile Geizangebote ruhig mal einen Tank leer fahren und zugreifen! Je nach gerade kursierender Seuche immer wieder mal saubillig zu haben: Durchgedrehte Gammelfleisch-Gänsehälse und -brüste aus chinesischen Vogelgrippe-Notschlachtungen täuschend echt zu Dosen-Blutwurst gepresst! Tolle Preishammer, die jedes Geschäft am Ort totschlagen. „Leben und sterben lassen“ halt. Mein Gott, was soll's! Was sagen Sie? Ein altes deutsches Sprichwort? „Leben und leben lassen“? – Nie gehört!

Saustift

Wo hat eine Sau bitte ihren Stift?
Saublöde Frage! Eine Sau hat keinen! Halt – ein mit vielen Sauen bekannt gewesener Landmetzgermeister bestätigte mir auf Nachfrage, dass früher jede Sau einen Stift hatte. Sogar im Hirn – außer sie ging stiften. Wenn sie das nicht tat, geschah ihr folgendes: Ein an der Saustirn angesetzter Bolzenschussapparat jagte mittels einer Schießpulverpatrone ein nagelähnliches Metall in den Sauschädel. So und da hätten wir ihn, den Saustift. Klingt weit hergeholt, ist aber nach meinen saumäßigen Recherchen der einzige heute noch zulässige Zusammenhang, in dem der Saustift verwendet werden darf. Schade. Erinnern wir uns zurück an das vergangene Jahrtausend. Wie oft und wie vielfältig kam da der Saustift in unserer Sprache vor. Ein scharfes, stimmlos zischendes bayerisches „S“ voraus drang er in vielen Varianten landauf landab aus den Betrieben: „Saustift miserabliger!“ „Wo san s‘ denn, de Saustiften?“ „He, du Saustift!“ „Saustiften zum Meister!“ „Wo bleibst’n so lang mit der Brotzeit, du Saustift?“
Der Saustift war in aller Munde. Und warum? Saustift war eine gut gängige volkstümliche Bezeichnung für den Lehrling und „Lehrling“ ist das alte Aktiv vom heutigen Passiv „Auszubildender“. Lehrlinge hat man sich früher in großer Zahl gehalten für den Fall, dass man einmal älter werden würde und nicht mehr können könnte.

Vorausschauend brachte der Alte den Jungen m
viel bei, weil er wusste, er wird einmal darauf an
sen sein, dass sie ihn als alten Knochen mit durc
gen. Schon der königlich-bayerische Abgeordnet
Filser schrieb „Lärjare sint kaine Härnjare!" (Anmerkung: Dass Bayern eigene Rechtschreibregeln hat, ist also nicht neu.) Demnach führten die Stiften auch ein Leben, das der Vorsilbe Sau- alle Ehre machte. Leicht branchenfremde Tätigkeiten wie Odel ausfahren, Kraut hobeln, Sau misten förderten das ganzheitliche Denken. Einstiegslöhne unter umgerechnet 2000 Euro brutto mussten hingenommen werden. Die Berufsschule unterrichtete zum Beispiel den Sargschreiner nicht im Stabhochsprung. Dafür zeigte der alte Meister am Samstagnachmittag den Stiften noch ein paar Spezialtricks aus seiner Erfahrungskiste. Stellten sie sich recht saudumm an, dann rief er schon mal zornig den „Saustift!" aus, aber nur weil ihm die Saustiften am Herzen lagen. Also ein hartes Berufsleben für die Stiften, aber sie hatten wenigstens eines. Es ist an der Zeit darüber nachzudenken, was auf Dauer besser sein wird: „Wir führen keine Auszubildenden" oder „Du kannst bei uns anfangen – Saustift!"

Papierstau

Papier ist eine segensreiche Erfindung. Solang es sich nicht staut. Im alten Ägypten war Papier, obwohl es da angeblich erfunden wurde, eher eine Seltenheit. Die Wenigsten konnten lesen und schreiben, Pyramiden und Mumienzubehör ließen sich auch ohne Werbeprospekte verklopfen und die rückwärtigen Verrichtungen des täglichen Lebens haben die Ägypter vermutlich unter Einsatz ihrer bloßen Gliedmaßen erledigt. Wenn sich etwas gestaut hat, dann vielleicht der Nil oder die Untertanen des verstorbenen Pharao beim Einzug in die Pyramiden, vor denen sie zwecks ihrer Einmauerung anstanden. Dass sich das Papier vor und in den Behausungen der Menschen bis zur Bedrohung aufstaut, war in der Produktpalette der sieben ägyptischen Plagen zur Volksbestrafung noch nicht vorgesehen. Dafür hatten die Ägypter Heuschrecken. Heuschreckenplagen haben den Vorteil, dass sie wieder mal nachlassen und von selbst verschwinden. Nicht so die Heimsuchung durch Papier. Die nymphomane Fruchtbarkeitsgöttin der Papiervermehrung dachte sich für die heutige Menschheit nämlich die Papierplage aus: Wehrlose Haushalte werden durch alle möglichen Schlitze und Öffnungen mit nicht angeforderten Papiermassen geflutet.
Der Briefkasten speit in alle Richtungen und dem Besitzer ist bei seinem Anblick auch danach. Was soll ein wilder Hochglanzbilderhaufen von Hackfleisch, Klobürsten, Katzenstreu, Slipeinlagen, warmem Leberkäse, Sargbuketts usw. sonst in einem

hervorrufen. Gelähmte erhalten Werbebriefe für Alpenüberquerungen zu Fuß, Hartz-4-Empfänger für Nummernkonten in der Schweiz und Ordensfrauen für Schwangerschaftsgymnastik. Der organisierten Zettelwirtschaft kommt keiner aus. Zwölf Mal gefaltete Farbprospekte von der Größe einer Pferdedecke werben mit flächendeckender Penetranz sogar noch im Hospiz für den Neukauf einer Küchenzeile mit 20 Jahren Nachkaufgarantie. Gegen diese permanente Fetzenüberschwemmung ist eine Heuschreckeninvasion so harmlos wie der Besuch der Heiligen Drei Könige. Es gibt jetzt Altpapiercontainer für daheim, die man neben der Haustür aufstellen kann. Darauf steht: „Werbung bitte gleich hier einwerfen!" Das vervollkommnet geradezu genial die Sinnlosigkeit der Papierumwälzungen unserer Tage. Das Reklameabfangiglu kann je nach Tonnagenleistung der Papierausträger sogar im Halbstundentakt geleert werden. Übrigens wird der Behälter mit einer Riesenposteraktion in DIN A 2 die nächsten 36 Wochen täglich beworben. Das dadurch anfallende Papier wird den Verbraucher von der Notwendigkeit seiner Anschaffung überzeugen. Resultat: Papierstau und der Schwachsinn heißt Papierhau!

Die Kartoffel

In der Oberpfalz gab's einst nur Steine,
davon lebt sich's schlecht alleine
und so schleppte irgendwann
einer die Kartoffel an.

Ihrem Anbau großen Stiles
verdankt die Oberpfalz so vieles
und mancher wäre längst verscharrt,
gäb's nicht diese Pflanzenart.

Allgegenwärtig wird sie jetzt
als Futtermittel eingesetzt
und hierzuland' auf ihre Art
in punkto der Allgegenwart,
nur noch – nach oben offen –
vom Geiste Gottes übertroffen.

Gegen diese Knolle weit und breit
ist seither keine Sau gefeit,
denn der Mensch wie auch das Schwein
finden die Kartoffel fein
und vergleicht man beide Lebewesen
an Geistes- und an Körpergrößen,
sind ab und zu doch Ähnlichkeiten
bei Mensch und Sau nicht abzustreiten.

Für Kartoffeln sehr empfänglich,
verkauft McDonalds diese länglich
und mit Ketchup eingeschmiert,
was – falls einem übel wird –
beim Übergeben nach sich zieht,
dass man sie gleich liegen sieht.

Kartoffel krumm geschnitten oder grad
als Brei, Gemüse und Salat,
als Schmarrn, als Dotsch, als Nudel
als Pampe, Stampf und Strudel,
gekocht, gedämpft, gehäutet,
gekauft oder erbeutet,
im Zweifelsfall als Suppe,
kombiniert mit einer Gruppe
abgelauf'ner Küchenreste,
welche dadurch für die Gäste
ohne größere Beschwerden
wiederum genießbar werden.

Fest, gasförmig oder flüssig,
man wird des Dings nicht überdrüssig
und in der Oberpfalz ist diese Knolle
Fundament von Mensch und Scholle.

Ganz, geviertteilt und geachtelt,
in jeder Form wird sie verspachtelt.
Mit Butter, Kümmel, Salz, als Knödel,
Kartoffeln kennt der größte Blödel.

Mein lieber Schwan

Nachdem vom Rinderwahn bloß mehr der Wahn übrig geblieben ist, übertrug sich der Wahn mangels Rindvieh über den Menschen auf den Vogel. Heraus gekommen ist der Vogelwahn. Weil aber der Wahn seit dem Rinderwahn nachrichtentechnisch ausgelutscht ist wie ein altes Kuheuter, endet der Vogel nicht im Wahn, sondern in der Grippe und zwar in der Vogelgrippe. Die Vogelgrippe kann jeden Vogel genauso treffen wie der Wahn einen jeden, der einen Vogel hat. Der Wahn lebt von der Vorstellung, deshalb heißt es auch Wahnvorstellung. Wie sich beim Rindvieh gezeigt hat, ist der Wahn ohne Vorstellung für den Menschen harmlos. Die ganzen hysterischen Rindviecher aus den Zeiten, als der Rinderwahn in höchster Nachrichtenblüte stand, sind vollständig von der Bildfläche verschwunden. Eine BSE-Meldung bringt heute höchstens noch das Gesäß der betroffenen Kuh zum Zittern. Allen anderen geht sie an demselben vorbei. Und warum? Weil wahnsinnige Rinderwahnschlagzeilen in den damit Erschlagenen die Wahnvorstellung auch gleich mit erschlagen haben. So – und ohne Vorstellung verkommt der größte Wahn zum Witz, zum Wahnwitz. Doch schon Albert Einstein sagte: „Phantasie ist wichtiger als Wissen". Verbindet man das als eifriges Nachrichtenopfer mit dem geflügelten Wort „... mein lieber Schwan!", dann ist man ständig in einer Situation, wo einem irgendetwas schwant, meistens Unheil. „Mir schwant Fürchterliches!" Ein grandioser deutscher Satz, der wie immer das Schlimmste befürchten lässt.

Was passt da besser ins Bild als ein verendeter oder standrechtlich erschossener Schwan? Soldaten mit Gasmasken und Stahlhelmen gegen herabfallende Vogelkacke umzingeln einen verdächtigen Krähenfuß. Nicht auszudenken, was passiert, wenn Bürger, die in Legebatterien übernachten, ohne Seuchen-Säure-Sprühbad öffentliche Toiletten aufsuchten. Gassenhauer wie „Kommt ein Vogerl geflogen" und „Alle meine Entchen" werden wegen Ansteckungsgefahr im Radio verboten. Gaststätten mit Namen wie „Zum weißen Schwan" haben mangels Besucher Umsatzeinbußen hinzunehmen. Deutsche Schispringer halten sich bei Olympiaden auffallend zurück. Die Wahrscheinlichkeit, an Vogelgrippe zu erkranken, ist bei weiten Luftsprüngen um ein Vielfaches höher. Fastenaufruf der deutschen Bischöfe: Verzichten Sie auf gebratene Störche, Meisenknödel, Spatzen, Vogelbeerschnaps und – lassen Sie nirgends den Schwan drüber! Bis in ein paar Wochen, denn dann ist der Schwamm drüber.

Wos brauch' ma denn an Bauernhof?

Nichts ist so überflüssig wie ein Bauernhof. Überhaupt in Bayern, wo in jeder leeren Lederhose ein Laptop hängt. Damit kann man weltweit jede Online-Sau geruchsfrei aufspüren und dort aufkaufen, wo die kräftigste Hormonbrühe sie in Rekordzeit ins Kraut schießen lässt wie einen gedopten Radfahrer den Berg hinauf. Die Maus auf dem ausgeklappten Hosenlatz, berauscht sich der Bayer virtuell im Internet am immerwährenden Kartoffelglauben. Ist doch wurscht, wo die Pommes frites wachsen und ob sie in Endivien oder in Schlammbodscha gedroschen werden! Das Flugbenzin ist steuerfrei, dann wird das Zeug halt hergeflogen und der Preis stimmt. Weltmarktniveau! Apropos Niveau: Das letzte Niveau der Menschheit ist das Preisniveau. Auf dieser Stufe angekommen, kann die Tonne Hausmüll schon mal mehr kosten als eine Tonne Nahrungsmittel. Transportwege bis zum Dreifachen des Erdumfangs spielen sowieso keine Rolle. Für das, was darüber hinausgeht, organisieren die Organisationen für organisierten Klimawandel zur Organisation des organisierten Ölabsatzes organisierte Treibstoffpreise. „Die dümmsten Bauern haben die größten Fischstäbchen" oder so ähnlich. Die Global Player (= Globusspieler) suchen sich deshalb weltweit die Dümmsten und schwartieren ihnen von der Klärschlammgurke bis zum Hormonkalbskopf alles so billig ab, dass über die Gewinnspanne sogar ein Abtransport über die hintere Mondhalbkugel zu finanzieren wäre.

Das sorgt bei den weltweit „auf Weltmarktniveau“ herunter gehandelten Erzeugern zwar nicht für Gewinn aber wenigstens für eine sinnvolle Betätigung. Außerdem sollten die Vorschulkinder da drunten beschäftigt werden und zwar mit der Kniescheibe auf der Scholle, damit sie den Bezug zum Land nicht verlieren. Nicht dass sie auch noch anfangen wie die unsrigen und die Ochsen lila malen, wo doch jedes Rindvieh weiß, dass nicht der Ochse sondern die Kuh lila ist. Wer weiß denn noch, wie Eier von glücklichen Kühen schmecken? Ha? Wer hat denn noch das Geräusch von euterwarmer Hühnermilch in der Nase oder den Geruch einer frisch gemähten Kartoffelwiese im Ohr? Niemand! Kein Wunder. Die bayerischen Kinder stochern übergewichtig im Mist des Internets herum statt im Kuhmist. Der notorisch umher streunende kindliche Mistfratz oder die legendäre „Rennsau“ von früher stirbt aus. Genau wie der Bauernhof. Nach der Statistik geben in Bayern täglich acht Bauern den Löffel bzw. die Mistgabel ab. Der Bayerische Bauernverband hat jetzt eine eigene Touristikabteilung aufgemacht, die ausrangierte Bauern mit Weltreisen beschäftigen soll. Mit dem Verschwinden der Bauernhöfe hat der Verband erkannt, dass er seine Aktivitäten auf die eines Wallfahrerbüros zurückschrauben muss. Übrig bleiben wird vom schönen bayerischen Liedl „Was braucht ma aufm Bauernhof?“ nur mehr das Gespür der Menschen für die Erde in Form der aufschlussreichen Antwort: „Nix!“

Kleinhirn statt Großhirn

Nützt das Gehirn dem Menschen auch wenn er es nicht benützt? Eine gehirnerschütternde Frage! Und trotzdem: Das ist ja gerade die schönste Eigenschaft des menschlichen Gehirns, dass es sich selbst in Frage stellen kann, dass es sich selbst fragen kann, wozu es denn überhaupt da ist. Fängt ein Gehirn an, sich selbst zu fragen, dann ist das ein sicheres Zeichen dafür, dass es da ist. Die vermutlich einzige Möglichkeit, sein Gehirn wahrzunehmen, denn für gewöhnlich bekommt man es nicht zu Gesicht. Es gibt viele glückliche Menschen, die ihre Glücklichkeit der Tatsache verdanken, dass ihnen ihr Gehirn keine Fragen stellt. Was soll man sich auch selbst noch was fragen? Es reicht schon, wenn von außen ständig blöde Fragen kommen, auf die man keine Antwort weiß. Ein typisches Beispiel für einen Mangel an Gebrauch des Gehirns ist es, wenn Redner oder Schreiber irgendwelche Zitate hervorkramen, um damit die eigene Einfallslosigkeit zu überspachteln. Albert Einstein soll ja gesagt haben (Zitat): „Wir nutzen nur fünf bis zehn Prozent unserer intellektuellen Fähigkeiten."

Nach Einstein ist also das Gehirn für sich allein viel intelligenter als derjenige, der es mit sich herumträgt. Der Gehirnträger kann aber noch so dumm sein, trotzdem nützt ihm sein Gehirn. Das Kleinhirn hält seine eigene kleine Welt am Laufen, ohne dass er selber denken muss. Gekümmert wird sich um alles, was innerhalb der eigenen Körperhaut abläuft, was darüber hinausgeht, ist dem Kleinhirn herzlich wurscht.

Das Großhirn, das – wie der Name sagt – großer Gedanken fähig wäre, liegt zusammengewurschtelt und ungenutzt obendrauf wie nicht aufgegangener Hefeteig. Es ist vom Träger darauf abgerichtet, das Schädeldach als geistigen Horizont abzustützen. Über den eigenen Wurschtkessel hinaus gerichtetes, vernetztes Denken kommt vor lauter hausgemachtem Wurscht-Sud nicht zustande. Zur Stabilisierung der Horizonte gibt es in Deutschland viele kleine Einheiten: Gemeinden, Strick- und Häkelvereine, Landkreise, Kaffeekränzchen, kreisfreie Städte, Ferkelerzeugerringe, Bezirke, Skatclubs und 16 Bundesländer, die zum Teil die Größe einer afrikanischen Nashornfarm erreichen. Mit dem Denken sollte man spätestens in der Schule anfangen. Deshalb hat auch jedes Bundesland sein eigenes Schulsystemlein. Hier sorgt die Kleinhirnsteuerung für individuelle Kostbarkeiten. Die zu erhalten, bedarf es manchmal jahrelanger Debatten, die unter anderem auch in einer so genannten Föderalismusreform ihre oberbürokratische Sumpfblüte finden können. „Alles fließt". Um das zu verhindern, muss man dort den Beton hineingießen, wo der Staat nachwächst: in der Schule. Kleingeist statt Großgeist! „Berlin, Berlin, was wollt ihr in Berlin?"

Weißblaukariert

Also: Die Bayern sind furchtbar g'scheit. Ich merk's ja schon an mir. Wie oft staune ich über mich selbst. Da haut's Fetzen aus mir heraus, wo ich sag': „Schau a mal an! Mein lieber Freund! Wo des alles herkommt? Nicht zum glaub'n!" Wohlgemerkt: Ich beschreibe hier nicht auf den Gehsteig prasselnde Resultate einer durch Döner oder durch sonst welchen außerbayerischen Saufraß hervorgerufenen Magenverstimmung. Hier ist die Rede von geisterfüllten bayerischen Gedankenblasen, die den bayerischen Menschen genauso leichtfüßig verlassen wie Gärgas das bayerische Rindvieh. So mühelos produziert der Bayer hochwertiges Gedankengut, wo die Anderen nicht einmal hinschmecken können. Wer sind die Anderen? Na die „Andern" halt – Gschwerl, Preißn, Annektierte, Ostler, Neulinke, Ungläubige, Nicht-CSUler und ähnliches außerbayerisches Gesockse. Was soll man diese tief unter bayerischem Niveau dahinvegetierenden Bevölkerungsteile lang aufzählen. Schad fürs Papier. Und so was wählt auch noch die Bundesregierung. Na ja, man sieht ja wo man hinkommt. Überall liegen die Deutschen hinten. Eheschließungen, Waffenhandel, Kirchenbesucher, Schmiergelder, Geburtenraten, provisionsgesteuerte Auftragsvergabe für die Bauwirtschaft usw. – alles wär' „am Hund im Bund" gäbe es nicht – na was? – Bayern. In Bayern raucht der Kamin und wenn er auch kohlschwarz raucht und stinkt – „Hauptsach' is, dass a raucht." In Bayern werden noch Werte vermittelt und

„Mittel und Weg'" gibt's in Bayern immer. Dafür sorgt schon die bayerische CSU.
Sie steht in Bayern für „Geht nicht gibt's nicht" oder „Des wer'n ma scho seh'n, ob des net geht!" und wenn das auch nicht geht, dann für „A weng wos geht immer." Deshalb kommt das Wort frustriert im Bayerischen nicht vor. Frustrierte gibt es bloß außerhalb des weißblaukarierten Kulturkreises, zum Beispiel in der Ostzone oder wie des heißt – mir doch wurscht. Die Dummheit soll hausen, wo sie will aber nicht in Bayern. Gott sei Dank und Deo gratias, bei uns ist die Welt in Ordnung - „dass 's eich auskennt's! Ja wenn alle so war'n wie mir, nacha gab's überhaupts keine Probleme nicht! So schaut's aus!" Leider wählt die Dummheit in Deutschland mit und wenn's mehr Dumme gibt als Bayern, dann kann das saudumm ausgehen. Darum, liebe bayerische Landsleute, erfreuen wir uns unserer weißblaukarierten Intelligenz und lassen sie leuchten vor allem vor den slawisch-frustrierten Stämmen im Osten der dahinsiechenden „Bundesrepublik Deutschland außer Raum Bayern". „Mir san mir und mir san Papst! Oder? Was wollt's 'n überhaupts?" Wenn aus uns was wird, dann bloß weißblaukariert!

Tanket und blechet

Das an Ostern so gut wie nie aufgeführte Weihnachtsoratorium vom alten Kirchenorgler Bach beginnt mit den Worten „Jauchzet, frohlocket ...". Im Einklang mit dem Klingeln der Kassen an den Tankstellen klingt der Weihnachts-Bach heute wie eine Mineralölhändlerfanfare. Bachs Weihnachtseinleitung „Jauchzet, frohlocket, auf, preiset die Tage ..." lautet im Ölschiebermilieu: „Jauchzet, frohlocket, den Preis rauf die Tage!" Dieser Satz hängt nicht nur in Öl gemalt in den Köpfen der Ölpreisdiktatoren. Nein – „den Preis rauf die Tage" steht auch schon fett vorgedruckt und übers ganze Jahr verteilt im Familienkalender der öligen Verwandtschaft. Abgesprochener Nebeneffekt: Das Geschäft läuft wie geschmiert! Nicht nur an Weihnachten. Auch an Silvester, Fasching, Ostern, Pfingsten, in den Sommerferien, am Tag der Deutschen Dummheit, an Allerheiligen und an saublöd fallenden Feiertagen, die unglücklicherweise ein Wochenende verlängern und somit verteuern. Immer dann macht der Treibstoff in Sachen Preisauftrieb seinem Namen alle Ehre. Vor Ostern unterstützt die Preiserhöhung die fastende Bevölkerung: Benzin statt Brot! Zu Pfingsten kommt der Heilige Geist – der Preise wegen ohne Öl – gefahren und erleuchtet die schmierige Ölwirtschaft beim Erfinden einleuchtender Literpreisargumente.
Die lodernde Flammenzunge schlägt sich augenblicklich in der Goldgräbergrafik der Barrelpreise nieder. Fällt Mariä Himmelfahrt so, dass die Spritpreise himmelwärts fahren, dann wird einem klar, warum

nach der christlichen Überlieferung Himmelfahrten ausnahmslos so eingerichtet sind, dass sie ohne Treibstoff auskommen. Zu Beginn der Sommerferien stürzen Spannungen in einem arabischen Harem den „Verein erdölverknappender Länder“ in eine siedend heiße Krise, so dass man den Ungläubigen ein Verdunsten der Erdölvorräte verkünden lässt. Kurz vor Allerheiligen hat scharfer Hai-Urin die Säulen einer Ölplattform angefressen. Zeichnungen in den Zeitungen nehmen das Absaufen der Bohrinsel schon mal vorweg. Den Untergang drastisch vor Augen ist das Ölverbrauchervieh jetzt vorgekocht und im öligen Hinterstübchen wird das Haifischsüppchen gar ausgekocht: „Drei Cent mehr pro Liter, zeitversetzt aber im Einvernehmen, und die können uns alle mal ans Bein pissen!“ Angenommen der Bach wäre in unseren Tagen gezeugt und als sechstes Kind nicht den Bach hinunter, sondern zur Geburt zugelassen worden: Er brächte sein daher komponiertes Zeug sowieso bloß unter die Leute, wenn dabei stünde: „powered by ...Oil&Company“. Je nachdem an welchem Bach man sitzt, Bach ist zeitlos: „Jauchzet, frohlocket!“ oder „Tanket und blechet, vernebelt, verbrennet, verpestet, vergaset ...“, Kilometer um Kilometer, Feiertag um Feiertag, Urlaub um Urlaub, Liter um Liter – weiter so und „Gute Fahrt!“

Bis dass der Tod euch scheidet

Biologisch gesehen die zuverlässigste Methode sich zu trennen, ist, wenn eintritt, was bei der Trauung feierlich versprochen wird: „... bis dass der Tod euch scheidet? – Ja."
Sie ist nicht nur sicher, nein sie ist todsicher und ich bin mir todsicher, todsicher selten so treffend verwendet zu haben. „Manche Dinge erledigen sich von selbst, man muss nur lange genug warten können." Gemäß diesem Ausspruch ist die biologische Scheidung wohl auch die billigste. Es gibt keine ökonomisch sinnvollere Trennungsvariante. Je nach „Vorsorge für den Todesfall" bleibt in vielen Fällen sogar noch etwas übrig (von der Vorsorge, nicht vom Todesfall). Problematisch bei der natürlichen Art von Scheidung durch den Tod ist nur der Zeitpunkt, der – vorsätzliche Maßnahmen ausgeschlossen – so gut wie nicht vorhergesehen werden kann. Da man „weder den Tag noch die Stunde" weiß, setzt die biologische Lösung Geduld voraus. Diese Geduld ist allerdings nicht ganz ungefährlich. Es kann sein, dass der Schuss nach hinten losgeht und dass den geduldig Wartenden zuerst trifft, worauf er beim Anderen wartet. Voller Ungeduld, wenn nicht sogar Unvernunft, zieht daher der Gegenwartsmensch die auf den ersten Blick ungefährlicheren, willentlich herbeigeführten Scheidungen vor. Er trennt sich von vermeintlich überkommenem Zeug. Erprobtes wird über Bord geworfen. Die Beschaffenheit seiner neuen Ausrichtung macht ihn nicht selten zum Dünnbrettbohrer.

Er streift sich eine neue Haut über, um sich mit der eigenen in eine für modern gehaltene Zukunft zu retten, die ihn einst genauso modern dahinscheiden lassen wird. So ist die Scheidungseuphorie unserer Tage längst über die zertrümmerten Ehebetten hinaus geschwappt. Nicht mehr „Scheiden tut weh" sondern „Geschieden muss sein!" in allen Bereichen. Weg mit dem alten Geschwafel von „... bis dass der Tod euch scheidet"! Trennen wir uns von Zuverlässigkeit und dem ganzen Treue-Mist! Trennen wir uns von Feiertagen, Berufen, Kirchen, Musikschulen, Sportvereinen, Wirtshäusern, Altbauten, Theatern, Tante-Emma-Läden, Bauernhöfen, Orchestern, Glauben, Familie, Heimat, Feierabend, alten Handwerkstechniken, kleinen Bäckereien und Metzgereien, Pfarrhöfen, überlieferten Ansichten, Wertvorstellungen, Freundschaften, Zusammenhalt und derartigem Ballast, der nichts einbringt. Was heißt da Kultur? Die können wir uns sparen. Fort damit! Geiz ist geil! Es lebe Umsatz, Profit, Gewinn – es lebe die Bilanz, bedrucktes Papier – es lebe der Euro. „Euro Euro über alles, bis dass der Tod uns scheidet." Und so mündet diese kulturelle Totensonntagsbetrachtung nahtlos in den Lichtstrahl einer adventlichen Kaufhausliedzeile: „Gloria in excelsis Euro. Amen."

Samenraub

Das schönste ist wohl – mit Verlaub –
für den Mann der Samenraub,
ein Missgeschick, das bisher nur,
dem Boris Becker widerfuhr,
und so wie die meisten Herrn
wüsste ich nur allzu gern,
wie man sich eine solche Tat
praktisch vorzustellen hat.

Boris Becker musste das erleiden
und ist darum zu beneiden.
Das Resultat jedoch sagt klar,
dass er der Räuberin behilflich war.

Der Kaminkehrer

Wer sich auf hohe Dächer traut
und mit Ruß gern um sich haut
und wem's vor keiner Hausfrau graut,
wenn er ihr das Haus versaut,
tut gut daran, auf Erden
Kaminkehrer zu werden.

Staubige Zeiten

Der Winter ist eine staubarme Zeit. Bis auf den Schneestaub, der nach meinem physikalischen Dafürhalten staubiges Wasser sein dürfte, ist das, was wir allgemein als Staub bezeichnen, nämlich fliegender Dreck, recht flugfaul. Anders als der Mensch, der ja auch bloß Staub ist („Gedenke, dass du Staub bist ...“), kann der seelenlose Staub nichts für seine Faulheit. Er ist im Winter zum Beispiel am Boden festgefroren, von Schnee zugedeckt oder schwimmt als gut durchgesalzene Brühe auf der Straße umher. Der einzig winterresistente Staub, wenn ich mir diesen Schwenk erlauben darf, ist nach meinen staubigen Recherchen der gemeine zahme Hausstaub. Er schwebt ganzjährig und ungeachtet der Witterung in geschlossenen Räumen, sofern es nicht ins Haus hineinschneit. Allein durch menschliche Regungen verursacht, wird er für relativ harmlos gehalten. Dummerweise gibt es im noch nicht überdachten Deutschland und in ähnlich hoch entwickelten Landstrichen den für die Luftverschmutzung vollkommen unvorteilhaften Frühling. Er überzieht das Land mit lästiger Trockenheit. Heimlich längst verschwunden geglaubter Dreck erwacht zu neuer Schwebfähigkeit. Irgendwelche Umweltschlaumeier mit spitzfindigen Haarspaltautomaten besitzen dann noch die Frechheit, dieses wohlweislich bis zur Unsichtbarkeit zerkleinerte Zeug in der Atemluft nachzuweisen und sogar zu messen. Anstatt die Ergebnisse unter Verschluss und damit die Atmung des

Volkes flach zu halten, werden die Werte auch noch landesweit hinausposaunt.
Resultat: Das Volk ist beunruhigt und atmet schneller. Jeder zusätzliche Atemzug reinigt die Luft, weil sich der Staub im Volk ablagert. So gesehen ein Vorteil. Statistisch gesehen kann dieser Staub aber die Rückkehr des Menschen zum Staub beschleunigen („... und zum Staub zurückkehren wirst"). Eine nicht zu unterschätzende Entlastung für die Renten- und Pensionskassen, wenn die Staub-Statistik hält, was sie verspricht. Dieser neoliberalkapitalistische Vorteil zersetzt alle Gegenargumente zu Staub. Ich befürworte daher die Pläne der gesamten staubigen Industrie bis hinab in die Niederungen Automobil- und Mineralöl-Connection: Mit den Milliardengewinnen soll über den Klimawechsel in einen staubbindenden Ganzjahreswinter investiert werden. Reichlich Niederschläge und eine Zwölfmonats-Schneedecke lassen auf natürliche Weise den Staub verschwinden und verstaubte alte EU-Staubverordnungen aus dem Jahre 1999 treffen uns nicht mehr völlig unvorbereitet. Trotz gemeinsamer Anstrengungen ist der Permanentwinter noch nicht erreicht. Der EU-Staubparagraph trat aber ohne Rücksicht darauf unversehens wie ein Blitz aus heiterem Himmel mit mehrjähriger Verzögerung in Kraft und deshalb zählen die trockenen Seiten des Jahres in unseren Breiten zu den staubigen Zeiten.

Wirtschaftliche Beobachtungen

Der Zoigl

Besuchst du Mensch die Oberpfalz,
dann probier', gebraut aus Malz,
Hefe, Wasser und den Hopfen,
den Zoigl, den sie dort verklopfen.

Der Zoiglzeiger

An einer Stange grüßt von fern
ein Bierkrug oder Zackenstern
und der soll das Volk anlocken,
sich zwecks Bier ins Haus zu hocken.

Die Zoiglstube

Das Haus ist eine Bierwirtschaft
mit selbst gebrautem Gerstensaft,
der da heißt „das Zoiglbier"
und das gibt's im Turnus hier
am Orte direkt hergestellt
von einem Wirt, der gegen Geld
sich um dessen Ausschank kümmert,
bevor es sich verschlimmert.

Zoiglbierausschankerweiterung

Wer Zoigl ausschenkt und Getränke,
der braucht auch eine Zoiglschänke
und denkt der Zoiglschenker mit,
dann wagt er einen Schritt
und lagert einfach aus dem Haus
die Gäste in den Kuhstall aus,
bringt für diese Zwecke

sein Rindvieh um die Ecke,
um dann statt Rinder Zoigllerchen
und -gimpel in den Stall zu pferchen,
die dicht gedrängt wie Kuhmisthaufen
sein selbst gebrautes Bier wegsaufen.

Eine hohe Rindviehdichte
hat hier schon Geschichte
und so liegt nahe an der Odelgrube
nichts näher als die Zoiglstube.

Aspekt „pflegeleicht“

Weil's auch Gäste gibt, die schmutzen,
lässt man die Wände nicht verputzen.
So spart man sich die Farb' samt Maler
und reinigt mit dem Viehdampfstrahler.

Zoigl-Danksagung

Wir danken Ihnen, dass Sie kamen
und etwas Zoigl zu sich nahmen,
denn der Wirt allein hätt' Mühe
mit dem Vernichten seiner Brühe.

Der Wirt im allgemeinen

Wer's zu sonst nichts bringt auf Erden,
tut gut daran, ein Wirt zu werden,
denn in einer Gastwirtschaft
braucht's so gut wie keine Kraft
und für den Erwerb der Kröten,
ist nicht viel Verstand vonnöten.

Die Zettelwirtschaft

Wirt zu sein wär‘ ja kein Übel,
doch hierzuland' nimmt man's penibel.
Für alles gibt's Behördenzettel,
vor jedem Handgriff ein Gebettel
bei den Ämtern und Behörden,
die wollen ja beschäftigt werden.

Antrag, Meldung, Konzession,
zehn Nachweishefte pro Person.
Die Gäste warten vor dem Haus,
der Wirt füllt grade Zettel aus.
Auf eine Halbe Bier
kommt in Deutschland ein Papier.

Verordnung, Vorschrift, Regelung, Gesetz
und kein Mensch versteht's.
Paragraphen für den Fall des Falles
„Deutschland, Deutschland über alles“!

Die Rechnung ohne Wirt

Senkt sich irgendwo im Land
beim Verein der Kontostand
dann gibt der Verein ein Fest,
wodurch sich das verhindern lässt.

Der Anlass „Festgeldkontoschwund“
ist offiziell hier nicht der Grund,
denn das Fest – egal wie groß –
ist im Grunde anlasslos.

Bewirtet wird von Branchenfremden
in verschwitzten Unterhemden:

Der Klärwärter übt sich im Zapfen,
die Putzfrau spritzt die Krapfen.
Der Bestatter macht den Wurstsalat,
der Hautarzt wäscht den Blattspinat.

Jeder macht, was er nicht kann,
so fällt auch keine Steuer an.
Dies Ereignis, wie sonst keines,
füllt die Kasse des Vereines.
Der Wirt steht machtlos und benommen
vor den schwarzen Gastronomen.
Ein Heer teils ungewasch'ner Amateure
macht der Bezeichnung „schwarz" hier alle Ehre.

Der Wirt samt Vorschrift und Gesetzen
sitzt vor leeren Plätzen,
liest – weil er keine Arbeit hat –
im amtlichen Verordnungsblatt
und freut sich, wenn von Straßenfesten
sein WC sich füllt mit Gästen,
die ihre Notdurft da verrichten,
weil Vereine auf ein Klo verzichten.

Bis auf diese Hinterlassenschaften
bleibt im Wirtshaus sonst nichts haften.

Die Rechnung ohne Wirt gemacht
bringt Bares ein, der Vorstand lacht
und lädt seinen Schankverein
vom Erlös nach Spanien ein,
weil man sich's jetzt leisten kann:
14 Tage Ballermann,
sonst gibt's weiter nichts dafür!

Der Wirt zahlt die Kanalgebühr.

Meddrobollregion

Was ist eine Meddrobollregion? Ist doch völlig klar: Das ist ein Versuch, fränkisches Zungengewurschtel in Buchstaben darzustellen und heißt nichts anderes als Metropolregion. Was ist eine Metropolregion? Dasselbe ohne verdrehten Frankenmaullappen aber genauso unverständlich. Metropolregion – viele Regionalgehirne kreisen verwirrt um diesen Begriff wie heimatlose Schmeißfliegen um fette Misthaufen. Vor allem die außermetropolnischen Bevölkerungsrückstände in weiten Teilen der Oberpfalz sind orientierungslos. Welcher Misthaufen ist der richtige? Mal stinkt's von Franken her besser, mal stinkt's aus der Münchner Richtung. Der Gestank der Münchner Luftblasen, die immer als Duftwolken verkauft, die oberpfälzischen Schwarzhirnrinden seit Jahrzehnten erfolgreich vernebeln, ist hinreichend bekannt. Hier sollten die Geruchsnerven selbst bei den schwärzesten Oberministranten zwischenzeitlich im A..imer sein. Da rülpst der alles nach Oberbayern saugende Tafelschwamm gern die Floskel herauf, dass die Oberpfalz zusammen mit Niederbayern und Oberbayern doch Altbaiern sei. Das stimmt insofern, als dass die Oberpfalz in Bayern wirklich alt aussieht. Nicht nur wirtschaftlich. Auch das lebende Inventar altert vor sich hin. Das spärlich nachgezeugte Junggemüse verflüchtigt sich, kaum ausgebrütet, an den nächstbesten Misthaufen. Dorthin, wo sich in Bayern der Mist am höchsten stapelt, in eine Metropolregion. Außerhalb dieser Mistdunstglocken stellt sich für die Randkrustenbevölkerung die Frage, in Richtung welcher Anhäufung man seine Gebete verrichten sollte, um ein paar Odelrinnsale fürs eigene Ödland zu erflehen. Oder soll man sich hinsetzen und einen eigenen Haufen machen? Zum Beispiel einen bayrisch-böhmischen. Oberpfälzer Zoiglbier vermischt mit Pilsener Urquell. Zumindest an fettigem Glanz dürfte es dem Haufen, der da heraus kommt, nicht fehlen. Der Oberpfälzer Wald – einst aus dem böhmischen heraus konstruiert – hieße dann endlich wieder Böhmerwald. Wer kennt nicht die bekannten böhmischen Dörfer? Plötzlich weiß die ganze Welt, wo die Oberpfalz liegt: in Böhmen! Na also: Der Durchbruch und Prag steht dem Oberpfälzer Ostrand auch nicht ferner als München. Das Oberpfälzer Randvolk enträndert sich, indem es jetzt denen den Steiß hinhält, die es mal am verlängerten können. Übrigens: Man munkelt, dass sich alle Oberpfälzer Landräte, die ein Hirn haben, im Rasthaus Böhmerwald mit Karel Gott und dem Bischof von Pilsen treffen wollen, um den böhmischen Zirkel Eger-Waldnaab-Mies zu gründen, also eine eigene Mätropolrägion. Dass eich auskennt's! Nashledanou!

„Die Altneihauser Feierwehrkapell'n" in Veitshöchheim

„Die globale Ordnung unseres Planeten wird wesentlich vom Verhältnis der Oberpfälzer zu den Franken beeinflusst.

Die „Altneihauser Feierwehrkapell'n" aus der Oberpfalz wurde deshalb zur erfolgreichsten Sendung des Bayerischen Fernsehens „Fastnacht in Franken" eingeladen.

Vor 5,3 Millionen Zuschauern weltweit hat folgendes Statement des Kommandanten bisherige Weltanschauungen in ihren Grundfesten erschüttert. Der politische Aufbau der gesamten nördlichen Hemisphäre ist somit in Frage gestellt. Das Ausmaß der erdrutschartigen Sympathieverlagerungen zugunsten der Oberpfalz als Mitte Europas und die Folgen für die kommende Epochen sind überhaupt noch nicht abzusehen."

„Fastnacht in Franken"

War das Programm bisher schon schlecht,
dann wird's der Abend jetzt erst recht.

Acht Leute, die nie tiefer sanken:
Vom Oberpfälzer Wald nach Franken,
doch für Franken noch Niveau genug,
ein ausgedörrter Brandlöschzug
und von der Feuerwehr acht Strafversetzte,
kurz gesagt: das Allerletzte.

Vom Geld her völlig abgebrannt,
kam jetzt auch das Frankenland
auf die billigste Variante
von Musikanten, die es kannte.

Noch schlechter – und das will was heißen –
als die, die hier die Sitzung schmeißen.

Es erlaubt sich ihnen vorzustell'n:
„Die Altneihauser Feierwehrkapell'n".

Ging' es nach dem Narr'nbestand,
wär' Franken längst ein Bundesland.

Doch solang die Narr'n von Franken
die mit den närrischten Gedanken
als Politiker aus freien Stücken
ins aufgeblas'ne München schicken
und den Weißwurstranzen unterwerfen
statt's eigene Profil zu schärfen,
wird Franken als Provinz von Bayern
wacklig in die Zukunft eiern.

Nachdem die Oberpfalz bloß ignoriert
und von München übersehen wird,
gibt's schon erste Narrenhaufen,
die nach Franken überlaufen.

Gestrichen voll die schwarzen Nasen
von den Münchner Weißwurstblasen,
sind wir die ersten der Verrückten,
die ins Frankenland einrückten.

Ich schlage vor, die oberbay'rischen Kolchosen
nach Öst'reich abzustoßen
als europäische Gerippe-Kippe
für Abfall aus der Vogelgrippe.

Die Oberpfalz und Franken zu verbinden,
ein eig'nes Bundesland zu gründen
als „Oberpfalz & fränkische Provinzen" –
der Beckstein macht den Prinzen
(verbirgt er heut' auch sein Gestell
in einem alten Teddyfell),

den Hofnarr'n soll der Söder machen,
über den kann jeder lachen,
der Schnappauf kriegt das Weihrauchfass,
der Stoiber seine Rentnermaß
als Gemeinderat von Wolfratshausen,
und ich lass' alle meine Weiber sausen
und heirate die Stamm,
so kommen Oberpfalz und Franken zamm'.

Das alles gilt es anzubahnen.
Die Oberpfalz ist noch am Planen
und schickt für solche Fälle
als Vorhut die Kapelle.

Aufgrund uns'rer Erscheinung
war unser Heimatland der Meinung:
Für Franken und für diesen Saal
taugt so ein Haufen allemal.

So zogen wir acht trotz Verstand
aus der Oberpfalz ins Frankenland.

Und sollten uns die Franken lynchen,
lieber tot in Franken als in München.

O Sankt Florian steh' uns bei,
lass' unser Geld im Steuerbrei
fruchtbar in der Heimaterden
und nicht in München Weißwurst werden.

Bewahr' die Franken und die Oberpfalz
vor Münchner Schleim und lass' das Schmalz
nicht bloß mehr nach Süden fließen,
mit diesen Worten darf ich schließen.

Die Kapelle wird noch was herunter leiern –
es grüßt der Oberpfälzer Wald in Bayern.

Der Kommandant der „Altneihauser Feierwehrkapell'n" stellt sein Ensemble anlässlich einer Geburtstagsfeier vor

Wenn sich, ganz gleich zu welchem Fest,
ein Ständchen nicht vermeiden lässt,
dann holt – statt was Gescheit's zu kaufen –
wer sonst nichts weiß, sich diesen Haufen.
Die Kapelle spielt so schön,
dass die Gäste früher geh'n
und das reduziert die Zeche –
ich weiß, wovon ich spreche.
Hier steht der Tiefpunkt aller Feste,
mein Beileid liebe Gäste!

Ein strafversetzter Dauerschaden
exaktiver Kameraden,
die bloß Mist beim Löschen bauten,
jeden Einsatz voll versauten
und mit Musik jetzt und Gedichten
Geburtstage zugrunde richten.

Wer im Leben sonst nichts kann,
der fängt auf Blech zu blasen an.

Und ist wer besonders dumm,
dem hängt man was zum Quetschen um.

Und die, die gar nichts in der Birne haben
und gerne schwere Lasten tragen,
die lässt man auf der Trommel schlagen.

Ludwig über den Kommandanten:

Und ist einer hirnverbrannt,
der wird am besten Kommandant.

Der Kommandant über seine Musikanten

Die große Trommel hängt dort drüben,
vom Trommler Reinhard angetrieben,
strafversetzt seit letztem Brand,
weil sein Schlauch in Flammen stand.

Dem kleinen Trommler Dominic
fiel ein Balken ins Genick,
wobei der den Verstand verlor,
dumm dreing'schaut hat er schon zuvor.

Auf Rupert fiel vom ersten Stock
eine Frau im Unterrock.
Sie sagte ihm, was er sie könnte
und jetzt zahlt er Alimente.

Stefan stieg auf eine Leiter,
die war zu Ende – er stieg weiter.
Beim Aufprall flogen Helm und Späne
und die ob'ren Schneidezähne.

Sprang jemand vom Dach herunter,
stand Peter mit dem Sprungtuch drunter.
Meistens fand der Aufschlag statt,
wo Peter nicht gestanden hat.

Am Quetschbalg: Ludwig Schieder.
Er fuhr acht Hydranten nieder.
Der neunte war der Kreisbrandrat,
der zu spät zur Seite trat.

Josef kam als letzter Mann
immer dann am Brandort an,
wenn die Versteigerung samt Inventar
des Neubaus schon im Gange war.

Stefan über den Kommandanten:

Auch ihn – damit sie's wissen –
hat man einst hinausgeschmissen.
Er redete bloß dumm daher
und heute tut er auch nicht mehr.

Das Beste ist bei uns'rem Alten:
Beim Spielen hat er 's Maul zu halten.

Sankt Nikolaus

Ich bin der Heilig' Nikolaus
und kenn' mich in der Weltg'schicht' aus.

In meinem Buche steht gehäuft,
was auf Erden alles läuft
und auch ein wohl bestelltes Haus
nimmt sich der Sankt Nikolaus
vor, um dort zum Erdenleben
seinen Senf dazu zu geben.

So höret, was geschrieben steht
und wie es auf der Welt zugeht:

O heiliger Sankt Xmas-Klaus

„Von drauß‘ vom Walde komm‘ ich her;
all überall blinkt's kreuz und quer!
Mir ist als hätt‘ ich einen sitzen,
seh‘ ich eu‘re Lichtlein blitzen.“

Würde Theodor Storm sein Weihnachtsgedicht heutzutage so beginnen? Nein – wohl eher so: „Santa Claus is comin‘ to town with ketchup and turkey, he looks like a clown.“ Frei nach mir ins Deutsche: „Der heilige Klaus kommt uns ins Haus mit Ketchup und Truthahn, wie ein Depp schaut er aus.“ (Vorausgesetzt ein zeitgenössischer „Songwriter“ Storm würde so arbeiten wie ein Heer deutscher Liedtexter: Miserablen deutschen Text in schlechtem Englisch singen in der Hoffnung, die Deutschen verstehen‘s nicht richtig und alle anderen hören sich's erst gar nicht an.) Also haben wir unseren deutschen Nikolaus ebenfalls prächtig verhunzt. In Leichtbauweise aus Tschechien importiert oder als hohles Baumarkt-Schnäppchen „made in Taiwan“ billig erstanden, baumelt ein kugelrunder Glühweinonkel wie ein frisch Erhängter an der Hauswand unter dem blinkenden Toilettenfenster. Wird im WC gelüftet, verweht jeder warme Fallwind den federleichten Gummiklaus aus seiner Position wie den Fuchsschwanz an der Hosentasche des Opel-Manta-Fahrers. Ums Fallrohr der Dachrinne nebenan gewickelt schießen Blitze wie von Leuchtspurmunition durch einen Lichterschlauch der Marke „Christmas vertikal“. Am geschnitzten Wildschütz-Jennerwein-Balkongeländer hat ein in allen Farben blinkendes Rentier den Halloween-Kürbis ersetzt nach dem Motto: „Bayern macht die Lichter an, es kommt der Cola-Weihnachtsmann!“ Inmitten der Lichterketten-Orgie flackert vor einem Wirtshaus ein kleines bayrisches Laterndl. Nach einem nächtlichen Spaziergang durch den Konsumrausch-Lichterwahn eine Wohltat für Auge und Gemüt. Das Kerzlein brennt ruhig und bescheiden, verzehrt sich selbst, um Licht zu verbreiten: Vielleicht die Weihnachtsbotschaft. Althergebracht, doch gehaltvoll wie unser bayerischer Nikolaus. „Ars vivendi bavariae“ oder „American way of life“, „Bayerische Lebenskunst“ oder

„Amerikanischer Lebensweg“? Schon die Ausdrucksweise verrät uns: Die bayerische Lebensart ist eine Kunst, die amerikanische ein Weg. Also hüten wir uns vor zuviel „Santa Claus“ und all dem Xmas-Umsatz-Schmarrn. Besinnen wir uns lieber ein bisschen mehr auf die guten Teile unserer jahrhundertealten bayerischen Kultur. Ich möchte Ihnen mit einem geistig gemäßigten Zweizeiler von mir zeitlebens Nikolaustage in guter Erleuchtung wünschen:
„Lieber guter Nikolaus, schick‘ uns Hirn statt Strom ins Haus.“

Der Gast ist König

Es gibt Leut', die zu Weihnachten
ins abgeleg'ne Bayern trachten,
um dort am Rand zu Böhmen
ein paar Pfunde zuzunehmen.

Das kommt den Wirten grade recht,
denn alles was gerade schlecht
zu werden droht und auszuhärten,
lässt sich somit noch verwerten.

Sind die Getränke etwas älter,
serviert man sie halt kälter,
weil das keiner spürt,
wenn ihn beim Trinken friert.

Auf diese Art und Weise
kostet eine Reise
zur Weihnachtszeit meist wenig
und der Gast ist König.

Es begab sich aber – ?

Es begab sich aber –, es begab sich –, es begab –, es – äh – na ja, irgendwas wird sich schon begeben haben. Schließlich ist Whynachten ein megageiles Event, oder? „Begab, begeben“? Was ist denn das überhaupt für ein Slang? Scheint schon ein älterer Schmarrn zu sein. „Begeben“? – So eine Gruftvokabel. „Übergeben“ vielleicht – das ist noch was, wo christmas-feelings in mir hochkommen. O.K., ist ja jetzt gegessen! Jedenfalls gibt's den „Es begab sich“-Slogan. Hab' ich selber schon gehört, ist aber ewig her, total out und äh – ach, keine Ahnung. Gemeint ist wahrscheinlich, dass was abgeht. Und ab geht was bei uns an Christmas oder an Ding – na – an Whynachten: Xmas-Schupfn-Rock against Aids and Diarrhö in Zipfldorf, Bungee-Truthahn-jumping der KLJB Altseichelau, Miss-Santa-Claus meets DJ Sepp im W14 in Mausendorf, Heiligabend ab 24.00 Uhr: X-Popp-mas-Sado-Maso-Lesbo-Schlecken im Bruder-Konrad-Heim in Waidau and so on (und so weiter). Also: An Christmas staubt bei uns nicht nur der Puderzucker auf dem Adventskrapfen oder wie das heißt, nein auch anderswo wird gepudert, dass der Stollen staubt, wenn Sie wissen, worauf ich hinauf will. Fest of joy, oder? So haut Whynachten rein. Bodydrinking, Halli-Galli-Drecksaufest, Glühwein bis zum Kotzen - sorry, jetzt ist wohl das Stollen-Fever etwas mit mir durchgegangen, ich meine natürlich bis zum Übergeben. Übergeben? Begeben. Es begab sich aber –? Mensch Meier, freilich ist etwas gewesen an Whynachten! Weiß doch jeder.

Passen Sie auf, ich denk' mir das jetzt mal so: Whynachten ist das deutsche Teil für Xmas oder Christmas und kommt aus den USA. In good old America ist irgendwann um den 24. Dezember herum der Weihnachtsmann Claus auf tragische Weise tödlich verunglückt. Er erhängte sich beim Erklimmen einer Hauswand mittels seiner Sackschnur an einem rostigen Fensterbrett. Der Vorfall blieb unbemerkt und klirrende Kälte verdrehte seine Gliedmaßen in alle vier Himmelsrichtungen. Wie ein ausgestreifter Streichwurstdarm wurde er am dritten Tage entdeckt und abgenommen. Man legte ihn in Glühwein, weil Formalin zu schade für ihn war. In der Nähe lagerten Rentiere, die vom Glühwein angezogen, denselben soffen, sich übergaben, daran eingingen und seither mit dem Weihnachtsmann durch die Welt geistern müssen. So ähnlich wird es sich „begeben" haben. Die ergreifende Szene mit dem erhängten Santa Claus wird zum Zeichen der Solidarität mit den USA weltweit und in Bayern an vielen Häusern sehr schön plastisch nachgestellt. Es begab sich aber – ? In der Tat ein blöder Satz. Zum Übergeben.

Die Weihnachtsgans

Im Ofen liegt die Weihnachtsgans
und davor liegt Schwager Hans,
ganz in sich versunken,
der Schwager ist betrunken.

Es ist der erste Weihnachtstag
und wer zu Mittag Gansfleisch mag
vom verwandten Lager,
hat sich angesagt beim Schwager.

Das hat der Schwager unterdessen,
indes er einschlief, längst vergessen,
stieß er doch beim Zubereiten
der Gans auf ein paar Köstlichkeiten,
wie Kräuterschnaps und solche Sachen,
die alten Säufern Freude machen.

Soll wegen ein paar Kümmerlingen
nun die ganze Gans misslingen?
Ein Aufguss täte dringend Not,
doch der Schwager schläft wie tot.

Gleich, in einer halben Stunde,
kommt die Gänsetafelrunde.
Wenn die Gans doch einen fahren ließe,
damit er aus dem Schlaf hoch stieße!

Der blöden Gans, tief braun gebrannt,
jedoch ist's wurscht und unbekannt,
wem der Schwager sie serviert
oder ob sie explodiert.

Dabei hat alles so gut angefangen:
Die Gans ist sofort mitgegangen,
nachdem der Schwager kurz zuvor
sie zum Schlachten auserkor.

Die dumme Gans nahm doch glatt an,
sie käme jetzt zum Gänsemann
und merkte erst beim Messerstich:
Das ist nicht der Gänserich!

Sie starb an jenem Stich ins Hirn –
jeder kann sich einmal irr'n.

Man rupfte sie, die Gänsehaut
blieb stachelig und aufgeraut,
denn viele Kiele ums Verrecken
saßen fest und blieben stecken.

Die Lötlampe, aufs Vieh gerichtet,
hat versengt und heiß vernichtet,
was beim Rupfen mit der Hand
an gelben Stoppeln widerstand.

Noch ein Mal hat der Steiß gewackelt,
und dann war sie abgefackelt.

So kam die Gans um Kopf und Kragen,
Leber, Niere, Milz und Magen,
und um den letzten Federstumpf
an ihrem kahlen Gänserumpf,
inklusive Gansgeschling,
das innen in der Gans drinhing.

Den Sack mit der Organentnahme,
die ausgehöhlte Gänsedame
und dazu den Gänsekragen
fuhr der Schwager heim im Wagen.

Er fror fürs erste alles ein,
denn er wollte sicher sein,
dass die Gans auch ganz bestimmt
tot ist und sich so benimmt.

Gerissen aus der Tiefkühlgruft,
bekam das Vieh erst wieder Luft
und zur Sicherheit noch einen Schlag
an Heiligabend Vormittag.

Eingehüllt in eine Schürze
schob der Schwager die Gewürze
von unten in die nunmehr weiche,
aufgetaute Gänseleiche.

Morgen muss sie fertig sein,
von hinten drang er in sie ein
und rieb ihr mittels seiner Hände
Salz und Pfeffer in die Wände.

Mit Beifuß innen ausgestrichen
ist der Mief vom Darm gewichen
und die Gans, die vorher roch,
duftet jetzt aus jedem Loch.

Der Schwager füllte sie mit Brei
aus Semmeln, Ei und Innerei
und hat – durch den Wolf gedreht –
die Pampe in die Gans genäht.

Zur gefüllten Leibeshöhlung
gab er ihr die letzte Ölung,
salbte sie mit sanftem Klaps
mit Kräutern und mit Kräuterschnaps,
den nur der Schwager zu sich nahm,
weil die Gans ja nicht mehr zu sich kam.

So wärmte er die Gans im Rohr
und sich selber schon mal vor,
schnitt Blaukraut und das Drumherum
und stieg danach auf Obstler um,
den er im Einwecktopf entdeckte,
wo ihn die Frau vor ihm versteckte.

Damit hat Schwager Hans die Nacht
vorm vorgewärmten Rohr verbracht
und jetzt geht's schon aufs Mittagläuten,
die Gans beginnt sich braun zu häuten.

Die Verwandtschaft auf den Stufen
scharrt vorm Haus schon mit den Hufen,
das dringt an des Schwagers Ohr,
der noch döst vorm heißen Rohr.

Für die Gans – im Schritt genäht –
wär's im Moment noch nicht zu spät.
Zwar hat sie schon geraume Zeit
ein Defizit an Feuchtigkeit,
doch Füllung und diverse Reste,
die der Schwager in sie presste,
können noch die Hitze lindern
und die Explosion verhindern.

Weil eine Gans mit Qualm vermischt
als schwarzer Klumpen aufgetischt,
bei Gästen, gleich wie abgebrüht,
wenig Freude nach sich zieht,
ist Schwager, der vornüber hing,
trotz Obstler und trotz Kümmerling,
bevor die Gans zum schwarzen Ding
verkohlte und hinüber ging,
Gott sei Dank, wenn auch benommen,
zur rechten Zeit zu sich gekommen
und hat mit einem Wasserschwall
die Gans vor dem Zusammenfall
gerettet und dann unerschüttert
ans verwandte Volk verfüttert.

Die Gans war völlig ungefährlich
und so köstlich wie alljährlich,
im wahrsten Sinne ofenfrisch
und mundete am ganzen Tisch.

Jeder war des Lobes voll:
Niemandem gelingt so toll
auf der Welt die Weihnachtsgans,
wie dem braven Schwager Hans.

Ich gab ihm dann bevor ich ging
wieder frischen Kümmerling
und Obstler, den die Schwägerin
verstecken wird im Wecktopf drin.

Er versprach mir, ihn zu testen
und aufs Jahr mit seinen Resten
wieder eine Gans zu machen,
in sich ruhend zu bewachen,
so dass er auf den Glockenschlag,
so wie man sein Gänschen mag,
es aufs Sekündchen fertig bringt,
was ihm nur mit Schnaps gelingt.

Folglich bin ich indirekt
der, der da dahinter steckt,
dass des Schwagers Gans so schmeckt,
füll' ich ihm doch mit Schnaps das Lager,
denn ich bin vom Hans der Schwager.

„Ich habe keine Zeit“

Stimmt nicht. Jeder von uns hat Zeit. Eine gewisse Zeit, denn es ist gewiss, dass wir irgendwann keine Zeit mehr haben. „Ich habe keine Zeit“ heißt eigentlich „Ich habe keine Zeit für ... (zum Beispiel) dich“. Das sagt so keiner, immer aber ist gemeint: Etwas anderes ist mir wichtiger. (Stellt sich wieder mal die Frage, ob eigentlich wichtig ist, was wir für wichtig nehmen.) „Ich habe keine Zeit“ könnten also streng genommen nur die sagen, die wirklich keine Zeit mehr haben. Die sagen aber nichts mehr. Ist die Zeit abgelaufen, hat sich's ausgeredet. Wenn wir keine Zeit mehr haben, dann sind wir nämlich tot. Was von uns in der Zeit stehen –, vielmehr liegenbleibt, wird dem Team vom Zahn der Zeit zum Opfer fallen. Der Rest der Person wird sich ins Zeitlose verflüchtigen, wo Zeit keine Rolle mehr spielt und „keine Zeit zu haben“ und „nirgends mehr zu sein“ Standard ist. So behaupten zumindest namhafte Zeitgenossen, die es derzeit auch (noch) nicht wissen. Bei allem Respekt vor diesem himmlisch-zeitlosen Zustand, wir sollten uns davor hüten, bereits zu Lebzeiten keine Zeit mehr zu haben. Das rückt uns vorzeitig in die Nähe derer, die nicht mehr da sind. Nachdem man Zeit (mit Ausnahme ihrer Resultate) nicht sehen, hören, riechen oder sonst wie wahrnehmen kann, geben wir oft vor, oder glauben es sogar, keine zu haben. Der Zeit ist das wurscht. Sie ist relativ und lässt sich das gefallen. Das Gegenteil, wir hätten Zeit, kann uns keiner beweisen. Niemand kann uns die Zeit zeigen.

Nur der, der sie nicht zu haben meint, ist als einziger in der Lage, sofern ihm die Einsicht zuteil wird, zu erkennen, dass er Zeit hat. Allerdings nicht ohne Ende. Das ist ja genau das Dumme an jeder Zeit, dass sie irgendwann aufhört und dies die Zeit erst zur Zeit macht. Ist dem Zeitreisenden einmal bewusst geworden, dass die Zeit, die er, wie er sich vormacht, gar nicht hat, auch noch ein Ende hat, dann dürfte „Ich habe keine Zeit" nicht mehr so leicht über seine Lippen kommen. So – und jetzt „hab' ich keine Zeit mehr" – pardon, ich wollte sagen, ich nehm' mir jetzt für was anderes Zeit und Sie vermutlich auch. Nach so viel vertaner Zeit mit Zeit, sollten wir die Zeit ohne an sie zu denken viel öfter bewusst verschwenden, um zu spüren, dass wir noch da sind. „Ich habe keine Zeit" oder „Dem Glücklichen schlägt keine Stunde" – wir haben die Wahl.

„Denkt man nach und fährt durchs Land
und denkt, man sei noch bei Verstand,
dann setzt das auch Gedanken frei,
von denen man sich denkt, es sei
die Wahrheit und real gedacht,
doch wenn man sich Gedanken macht,
dann sollte man auch stets bedenken,
dass die Gedanken, die uns lenken,
nur selbst erdachte Wahrheit sind
und was man denkt ist Staub im Wind.“

Inhalt